GUIDE DU BÊTA-LECTEUR

Comment faire une bonne relecture ?

Charlie November

Mentions légales © 2021 Charlie November

Tous droits réservés

Aucune partie de ce livre ne peut être reproduite, stockée dans un système de récupération, ou transmise sous quelque forme que ce soit ou par quelque moyen que ce soit, électronique, technique, photocopieuse, enregistrement ou autre, sans autorisation écrite expresse de l'éditeur.

ISBN : 9782957820412

Photo de la couverture : Charlie November

TABLE DES MATIÈRES

À PROPOS DE L'AUTRICE

Relectrice-correctrice professionnelle depuis 2021, j'accompagne les auteurs et autrices dans leur aventure littéraire, que ce soit au quotidien en proposant des sessions d'écriture sur Twitch, ou individuellement en travaillant sur leurs manuscrits.

En 2021, j'ai publié ce Guide du Bêta-lecteur, un livre d'initiation à la relecture. Aujourd'hui, je propose sur ma boutique des outils pour améliorer son écriture au quotidien ainsi qu'une formation dédiée à la réécriture, qui aident les écrivains et écrivaines à aller au-delà de leur premier jet.

Pour voir mes services et formations :

www.charlienovember.fr

Pour des conseils et des discussions autour de l'écriture, vous êtes invité sur Instagram :

@charlienov.editrice

Et pour des sessions d'écriture en groupe, c'est par ici :

twitch.tv/charlienounouvember

Si ce guide vous a plu, n'hésitez pas à me donner votre avis sur Amazon !

INTRODUCTION

Après des années à écrire, à relire et à conseiller des collègues auteurs, je vous présente ce modeste guide qui rassemble ce que j'ai appris, ma vision de la relecture et des techniques que j'applique pour mes bêta-lectures. Vous y trouverez aussi mon regard en tant qu'autrice, ce que j'ai vécu et espéré en envoyant mes textes en relecture.

Il s'agit d'une initiation approfondie à la bêta-lecture, rendue accessible à tous et à toutes, même aux personnes qui mettent un pied dans le monde de l'écriture pour la première fois.

Ce n'est en revanche pas suffisamment complet pour devenir bêta-lecteur pro grâce à cette unique lecture ! ;) Il faut plus que ces cent pages pour connaître toutes les techniques de relecture existantes et pour en faire votre métier, mais elles vous donneront les bases nécessaires. Vous pourrez commencer ou perfectionner vos relectures bénévoles ! *(Collègue professionnel, si ce guide peut vous rassurer sur vos compétences, il est à vous !)*

Bien qu'il soit orienté pour les romans, ce manuel peut convenir à différents types de manuscrits, qu'ils soient voués à l'autoédition ou à une maison d'édition. Avec ces mêmes techniques, j'ai pu accompagner des scénaristes en court métrage, des auteurs de recueil poétique ou de livres de jeux de rôle.

Bêta-lecteur débutant, ce guide vous est destiné ! Vous y trouverez les ressources nécessaires pour vous lancer dans l'aventure de la relecture bénévole, en allant de plus en plus profondément dans l'analyse éditoriale.

Bêta-lecteur confirmé, puisque vous connaissez déjà les bases du métier (mais n'hésitez pas à être curieux), vous pourrez directement passer à la partie 7 : « La bêta-lecture avancée ».

Collègue auteur ou autrice, le contenu de ce guide vous permettra tout autant de comprendre le rôle, le travail et les retours de vos bêta-lecteurs que les différentes manières de collaborer avec lui. Les techniques d'analyse présentées ici vous seront aussi utiles pour vos propres relectures. Et si vous désirez l'offrir à vos relecteurs, faites-vous plaisir !

Avant de vous laisser à votre lecture, je tenais à préciser que j'ai employé le masculin généraliste pour plusieurs termes par simplicité, mais j'inclus évidemment les autrices (ou auteures) et les bêta-lectrices.

Je vous souhaite une bonne (re)lecture !

Charlie.

I. EN QUOI CONSISTE LA BÊTA-LECTURE ?

La bêta-lecture est l'étape qui suit celle du premier jet (et du deuxième, du troisième, et plus si affinités).

Autrement dit, lorsqu'un auteur termine d'écrire une version de son roman, elle est soumise à **une lecture active et analytique du texte**. Cette lecture sert à étudier et à s'assurer que le contenu est cohérent, cette étape pouvant se répéter après chaque réécriture.

Le bêta-lecteur, ou la bêta-lectrice, choisi par l'auteur aura l'honneur (rien que ça !) de lire son histoire en avant-première. Cela pourrait s'apparenter à un *crash test* avant la publication. Le relecteur a ce rôle crucial, presque comme un coach, d'orienter l'auteur dans sa démarche d'écriture, en ayant un œil neuf et objectif sur le manuscrit.

Le but de la bêta-lecture est donc de **lire puis** de **fournir un retour constructif** sur un texte.

Pour cela, il faut **être attentif à votre comportement et à vos pensées** tout au long de la lecture.

On entend souvent qu'on ne doit pas dire « j'aime » ou « je n'aime pas ». Selon moi, nous pouvons nuancer. En tant qu'autrice, la première question que je pose à mes bêta-lecteurs est la suivante : « Est-ce que tu as aimé ? »

Tout l'enjeu est ici : quelle réponse attend réellement l'auteur ?

« Oui, c'était cool ! »... pas tout à fait constructif, nous sommes d'accord.

Connaître votre opinion est très utile à l'auteur pour affiner la cible de son texte, c'est-à-dire le type d'individu auquel s'adresse l'histoire. Déterminer son public est essentiel pour la suite du processus de publication et le marketing du livre.

Cependant, **il est aussi important de donner son avis personnel que de le justifier**.

« Oui, c'était cool... parce que l'intrigue est comme ça, ce personnage a tel caractère, ton style m'a donné telle émotion. »

L'auteur attend des arguments, une analyse aussi précise que possible de son intrigue, de ses personnages, de son style d'écriture, de son univers, etc. Il est d'ailleurs recommandé de se mettre d'accord avec lui sur ce que vous devez surveiller avant de vous lancer.

Il faut alors vous draper de votre robe noire et devenir l'avocat du diable afin de démanteler chaque élément du manuscrit pour vérifier qu'il tient la route.

Vous êtes l'œil acéré de l'aigle qui va repérer les coquilles à un kilomètre de distance. Vous êtes l'éléphant d'une mémoire incroyable qui se souviendra des descriptions pour s'assurer qu'elles concordent au fil du texte. Vous êtes le dauphin spécialiste de la communication capable de dynamiser les dialogues.

Bref, le bêta-lecteur est une chimère mystérieuse, mais hautement précieuse pour les auteurs.

Il vous est aussi nécessaire de faire la différence entre le fond (le contenu du livre) et la forme (le style d'écriture), dans l'éventualité où le manuscrit comporterait des fautes de français. **La bêta-lecture n'est pas destinée à la correction orthographique**, tout écrit doit être relu en regardant au-delà de son « esthétisme » pour se concentrer sur ce qu'il délivre.

Si vous êtes à l'aise avec les règles de la langue, toute aide est souvent la bienvenue ! Souvenez-vous cependant qu'il y aura encore des modifications sur le texte et qu'une correction professionnelle sera de toute façon nécessaire après les différentes réécritures.

II. QUEL BÊTA-LECTEUR ÊTES-VOUS ?

Même si vous êtes bénévole (ou futur professionnel), il est important, si ce n'est pas déjà fait, de rassembler quelques informations sur vous-même.

1 – Quel est votre genre de prédilection ?

Il me semble qu'une personne ne peut pas aimer tout type de lecture. Par exemple, un amateur de thriller psychologique sera potentiellement moins réceptif à une romance historique et risquerait de ne pas en **comprendre le message**. À l'inverse, un lecteur de romance ne connaîtra pas forcément **les**

codes d'écriture du thriller. Autre exemple moins extrême : un fan de science-fiction ne lira pas du space opera aussi bien que du post-apocalyptique.

Cependant, il peut être intéressant de recevoir **le retour d'un bêta-lecteur hors du lectorat cible** de l'histoire, pour une analyse purement technique. Vous pourriez **offrir une vision et des axes d'évolution différents** à l'auteur. Et qui sait, il pourrait vous faire apprécier un nouveau genre littéraire.

Pensez aussi à **vous renseigner sur les thèmes abordés**. N'acceptez pas toutes les demandes de bêta-lecture qui s'offrent à vous si vous ne vous sentez pas à l'aise avec les sujets traités dans le livre.

S'il y a des sujets sensibles que vous n'avez pas envie de lire, vous n'avez pas à vous forcer pour lui faire plaisir (ou à signer ce contrat s'il s'agit de votre métier). Vous risqueriez d'en être affecté pendant votre lecture et lors de votre retour, où vous pourriez ne pas être objectif, rendant par là même vos efforts peu constructifs.

Si le manuscrit comporte des **situations délicates** (comme des agressions ou des discriminations), que vous n'avez jamais vécues et pour lesquelles vous ne vous sentez pas légitime de donner votre avis, il existe des ***sensitivity readers*** : des lecteurs sensibles. Ce sont des personnes connaissant ces situations qui pourraient se sentir concernés par l'histoire et qui se proposent de la relire. Les contacter peut être utile pour un auteur s'il souhaite s'assurer d'aborder le thème avec justesse ou si, par exemple, il a peur de l'enrober de clichés.

2 – Quels sont vos atouts ?

Est-ce que, lors de vos lectures, vous repérez souvent les incohérences ? Quand vous regardez un film ou une série, les faux raccords vous sautent aux yeux ? Ou êtes-vous plutôt doué pour imaginer des décors et donc enrichir des descriptions ?

Avez-vous une facilité déconcertante à trouver des répliques qui claquent pour écrire des dialogues dynamiques et amusants ? À moins que vous ne disposiez d'une expérience en art martial et soyez capable d'insuffler de la crédibilité à des scènes de combat ?

Bref, **il y a autant d'éléments à vérifier dans une histoire qu'il existe de relecteurs différents**. Chacun aura sa sensibilité qui lui est propre et qui le rendra attentif à des aspects distincts. Donc, ne vous sentez pas coupable si vous ne soulevez pas le même problème qu'un autre ! C'est là tout l'intérêt d'avoir des bêta-lecteurs qui se complètent. Le tout est de **connaître ses points forts** pour les présenter à l'auteur et lui donner envie de vous choisir.

Comment les déterminer ?

Examinez vos réflexions pendant vos lectures. Par exemple, ce détail sur lequel votre cerveau s'arrête et se dit : « Stop ! Pourquoi le personnage est en pyjama alors qu'il est en maillot de bain depuis trois paragraphes ? ». Si vous relisez tout le passage pour vérifier ce que vous avez manqué et qu'il s'agit bien d'un oubli de l'auteur, dans ce cas, vous avez l'œil pour repérer les incohérences.

3 – De quel temps disposez-vous ?

Même s'il est question d'une relecture bénévole, il faut savoir que, si l'auteur écrit ce texte dans un but professionnel (pour se publier et pour en faire son métier), vous aurez potentiellement des **échéances à respecter**. Peut-être a-t-il déjà annoncé une date de sortie pour son ouvrage qu'il se doit d'honorer ?

Tout relecteur bénévole doit garder à l'esprit les délais de l'auteur et **sa propre disponibilité**. Il serait contre-productif d'accepter une bêta-lecture pour ensuite la bâcler afin de la rendre dans les temps. Ce ne serait pas rendre service à l'auteur, ni à vous, puisqu'il risquerait de ne plus avoir confiance en vos compétences. Vous devez donc vous assurer d'être disponible et réactif lorsque vous vous engagez.

L'important est que vous soyez motivé et impliqué tout au long de votre lecture.

Concrètement, **l'idéal** pour un auteur est d'avoir **plusieurs bêta-lecteurs qui se complètent**. C'est à lui de choisir le nombre, mais les auteurs s'entourent en moyenne de trois relecteurs, bien que certains en aient jusqu'à douze !

En revanche, il est courant d'avoir un ou deux relecteurs « principaux », qui seront les premiers cobayes à lire le texte et qui suivront son évolution jusqu'à sa version finale. De nouveaux relecteurs pourront intervenir après chaque réécriture, en plus des premiers, pour renouveler l'analyse jusqu'à ce que l'auteur soit satisfait (ou à 99,9 %, puisqu'il est rare d'être entièrement content de son travail artistique).

III. L'ART ET LA MANIÈRE

Vous avez été choisi comme bêta-lecteur. Mais comment faire votre retour ? L'auteur vous a peut-être transmis une fiche de relecture avec une liste de questions, mais comment **formuler vos réponses et vos interrogations** ?

1 – Deux mots : bienveillance et objectivité

Chaque artiste, peu importe son milieu d'activités, possède un ego. Soyons honnêtes, nous en avons tous un, mais les artistes ont une fierté particulière à créer. Il convient de la ménager sans pour autant la flatter inutilement.

Mon conseil :

Utilisez les termes « suggestion » et « proposition » dans vos commentaires. Cela enlèvera à l'auteur l'impression qu'on lui impose une modification. Insérer des « peut-être », « que penses-tu de... » ou « à ton avis... ». Ce sont des formules qui feront comprendre que vous laissez le choix et que vous n'êtes là que pour proposer un angle de vue différent du sien.

Si la **bienveillance** est de mise, il ne faut pas allier gentillesse et dissimulation.

L'honnêteté est indispensable. Vous n'avez pas compris un élément de l'intrigue ? Soulignez-le. Un paragraphe est trop long ? Suggérez d'aller droit à l'essentiel ou de transmettre certaines informations dans une autre scène. Le personnage n'est pas assez expressif ? Proposez d'enrichir ses réactions à des endroits précis.

C'est là tout l'art de faire un retour sur un travail d'écriture : il faut avoir des **arguments**

techniques et développés pour critiquer de manière constructive.

1) Mettre en avant le problème.
2) Justifier votre commentaire.
3) Proposer une ou des solutions.

Exemple : un commentaire type « le prénom de ton héros est moche » ne sera pas constructif. Trouvez plutôt la raison de votre rejet. « Le prénom de ton héros est dur à lire/ne correspond pas au pays et à sa base linguistique/a une connotation négative, car... »

L'auteur vous dira ensuite si c'est voulu ou s'il est en effet judicieux de le changer.

2 – Les points positifs :

Il faut penser à **souligner tous les endroits qui n'ont pas besoin d'être retravaillés**. Il est très utile d'avoir un retour sur une incohérence, et très encourageant d'en avoir un sur une scène qui vous a ému, amusé ou fait rêver.

Mettre en lumière les éléments qualitatifs

du texte est comme une piqûre de motivation directement injectée dans le cœur de l'auteur.

3 – La décision de l'auteur :

L'auteur choisit ensuite d'**intégrer ou non vos propositions**. Vous ne pouvez pas l'obliger à écouter toutes vos remarques. Peut-être trouverez-vous qu'un élément n'est pas pertinent, aurez-vous des arguments pour le prouver, mais que l'auteur aura aussi les siens. Il reste le capitaine de son bateau.

Le relecteur est là pour mettre en lumière et suggérer. En théorie, l'auteur faisant la démarche de vous contacter est ouvert à toutes vos recommandations et au travail d'écriture qui en découle. Donc, s'il n'accepte pas votre modification, ce n'est pas contre vous.

4 – Côté technique :

Il est possible d'utiliser des **abréviations** en bêta-lecture **pour accélérer la prise de notes**. On retrouve, par exemple, « REP » pour signaler une répétition ou encore « MAD » lors d'un besoin de reformulation.

Attention, il reste important d'argumenter. Il s'agit seulement de **catégoriser le type de commentaire** pour que vous puissiez ou que l'auteur puisse l'identifier plus facilement dans votre retour.

Tout est possible ! N'en mettez aucune si vous n'aimez pas cela ou créez vos propres abréviations, tant que vous êtes à l'aise avec leur utilisation (et n'oubliez pas de communiquer votre légende à l'auteur).

Vous trouverez un exemple de **liste d'abréviations en annexe 1** du guide.

IV. AVANT LA RELECTURE

Avant de recevoir le texte d'un auteur, il faut vous accorder avec lui sur le support que vous utiliserez pour faire votre retour et la discrétion que vous devrez observer.

1 – Le support :

Il existe une grande diversité de supports qui vous permettent de relire un manuscrit. Cela va dépendre évidemment de votre équipement, mais aussi de l'outil avec lequel vous êtes le plus à l'aise.

Demandez à l'auteur ce dont il se sert, faites-lui part de vos habitudes et mettez-vous d'accord sur le format. Suivant la longueur du roman, la relecture peut vous prendre jusqu'à plusieurs dizaines d'heures, il est impératif de songer à votre **confort de lecture** et à la **praticité de la prise de notes**.

Les supports utilisés le plus souvent sont les logiciels de traitement de texte comme *Word*, *OpenOffice*, *LibreOffice* et *Google Doc*. Il existe aussi des lecteurs de format PDF comme *Acrobat Reader* ou des liseuses pour les livres en version numérique (nommés *e-books*). Sinon, il arrive que l'auteur fournisse une version papier, appelée une « épreuve », de son manuscrit.

Les avantages et les inconvénients de chacun :

La **version papier** offre la meilleure immersion possible et un bon confort de lecture, mais nécessite un grand stock de Post-it pour votre prise de notes ! Vos remarques seront plus longues à répertorier pour l'auteur.

L'**e-book**, si vous disposez d'une liseuse, est tout aussi utile pour vous plonger dedans. En revanche, vos observations seront difficilement transmissibles à l'auteur de votre appareil au sien puisque, en général, les notes restent internes. Il vous faudra donc un autre support pour les écrire (à moins que vous ne lui prêtiez votre liseuse).

Les **logiciels de traitement de texte**, dont certains restreignent leur utilisation à une licence payante, vous permettent d'annoter tout au long du manuscrit et de conseiller facilement des modifications. Différents niveaux de protection existent : par exemple, *Google Doc* propose de désactiver la copie et d'autoriser uniquement les commentaires sans changements directs. Ce dernier, ainsi que *Word 365,* vous permet d'ailleurs de **travailler en ligne**, à plusieurs relecteurs en même temps (attention cependant à ne pas influencer vos avis entre bêta-lecteurs).

Concernant le **format PDF**, cela dépend énormément du lecteur dont vous disposez et de votre licence : cela pourrait tout autant offrir une protection au manuscrit que l'inverse. Avec une licence classique d'*Acrobat Reader*, les fichiers PDF sont protégés en étant « figés », donc contraignants pour vous en ce qui concerne les commentaires et le confort de lecture. Cependant, une licence professionnelle autorise les modifications avec la même facilité qu'un logiciel de traitement de texte.

Mon conseil :

Si vous travaillez en deux passages : faites une **bêta-lecture simple**, « découverte », **sur une version *e-book*** avec une liseuse ou un téléphone. Cela évite d'imprimer deux cents pages, mais vous plonge tout de même dans l'histoire. Vous pourrez prendre des notes rapides sur votre appareil ou sur un carnet, par exemple. Pour votre **deuxième relecture**, plus approfondie, utilisez **un logiciel de traitement de texte** pour noter vos commentaires et vos suggestions de modifications.

Si vous travaillez en un seul passage : privilégiez **les logiciels de traitement de texte,** car ils disposent d'un bon rapport confort/praticité. Si, en plus, il bénéficie d'une accessibilité en ligne, cela permet de rassembler les avis de tous les relecteurs sur le même document.

Dans tous les cas, mettez-vous d'accord avec l'auteur et choisissez ce qui vous convient le mieux !

2 – La confidentialité :

Cela peut paraître évident, mais, lorsqu'un auteur vous confie son manuscrit, il est important de **respecter une certaine confidentialité**. Autant parce que ce texte ne vous appartient pas que parce qu'il est malvenu de dévoiler ses secrets avant l'heure (surtout qu'au stade de la relecture, tout peut encore changer).

S'il s'agit d'un proche ou d'une personne de confiance, en général, il lui suffit de… eh bien, vous faire confiance.

Si ce n'est pas le cas, cela devient plus délicat pour l'auteur lorsqu'il ne vous connaît que sur les réseaux sociaux, par un groupe d'entraide entre écrivains ou par votre site internet. Vous restez alors presque un inconnu pour lui.

En passant, voici un petit **rappel sur le plagiat** et ce que le Code de la propriété intellectuelle définit :

> *« Toute représentation ou reproduction intégrale ou partielle faite sans le consentement de l'auteur ou de ses ayants droit ou ayants cause est illicite. Il en est de même pour la traduction, l'adaptation ou la transformation, l'arrangement ou la reproduction par un art ou un procédé quelconque. » (CPI, article L 122-4)*

Si l'envie vous prend de faire un joli « copier-coller » d'un passage sans citer l'auteur et son œuvre, sachez que vous pouvez encourir trois ans d'emprisonnement et 300 000 € d'amende.

Il est nécessaire de mettre les choses au clair avec l'auteur, autant pour le **rassurer** que pour vous **protéger** mutuellement.

Par exemple, vous pouvez travailler sur des versions bloquées qui empêchent les modifications directes, en indiquant à l'auteur de verrouiller certaines fonctionnalités dans son document.

L'auteur peut aussi déposer son manuscrit (que cela soit à un tiers ou à lui-même, il existe plusieurs solutions de protection), mais en sachant qu'il devra renouveler son dépôt après révision.

Vous pouvez même lui proposer de signer un accord de confidentialité ou de non-divulgation. Dans ce cas, nul besoin d'aller voir un avocat, il existe des contrats simples à rédiger soi-même, en prenant des modèles sur internet.

Ce ne sont que des exemples, et rien n'est obligatoire. Le but est que votre **relation** soit **sereine**. Vous serez amené à échanger avant, pendant et après votre relecture (notamment si l'auteur souhaite approfondir vos remarques), il est donc primordial d'**établir une bonne entente**. Ne négligez pas non plus le pouvoir du bouche-à-oreille et des avis de vos premiers auteurs ! ;)

Dans tous les cas, vous devez aussi **convenir de ce dont vous pouvez parler** (nom de l'auteur, titre de l'œuvre, genre, etc.), que cela soit à vos proches, à vos amis ou sur internet. Si vous avez un compte sur les réseaux sociaux et que vous désirez informer votre communauté que vous bêta-lisez, il est préférable d'établir avec l'auteur **ce qu'il vous est possible de communiquer** avant la sortie de son travail.

V. LES DIFFÉRENTS TYPES DE RELECTURE

Nous avons vu en quoi consistait globalement la bêta-lecture, mais elle peut s'effectuer de plusieurs manières.

On distingue généralement trois catégories, que je nomme ainsi : l'alpha-lecture, la bêta-lecture simple et la bêta-lecture avancée.

Il n'est pas obligatoire de faire les trois, tout comme elles sont répétables à l'infini et au-delà (ou presque), en vous concentrant chaque fois sur des éléments différents (par exemple sur le fond, puis sur la forme et les petites incohérences). Vous êtes libre de trouver votre propre méthode ! L'important est le résultat.

1 – L'alpha-lecture :

Elle désigne le fait de **lire les chapitres au fur et à mesure** que l'auteur les écrit, sans attendre qu'il ait fini la totalité de son manuscrit.

L'utilité d'une telle relecture est d'avoir un avis directement après la rédaction. L'auteur peut s'assurer que son texte garde le cap et avoir un retour avant d'aller plus loin. Cette technique est appréciée pour les **mettre en confiance** avec leurs idées ou les **débloquer** sur un aspect de leur scénario. En tant qu'alpha-lecteur, votre **rôle de coach d'écriture** est bien plus présent.

Trois inconvénients peuvent entrer en ligne de compte.

L'auteur pourrait être tenté de faire de premiers chapitres « parfaits », vous renvoyant sans cesse les mêmes à traiter, et resterait coincé dans l'avancement de son roman. Pour contrer cela, il faut donner les axes d'amélioration, soulever les points à ne pas changer, mais aussi dire : « Stop, celui-là est bien, passe à la suite. » Sachant qu'une fois le premier jet fini, une relecture de la totalité du manuscrit sera nécessaire.

Autre inconvénient à l'alpha-lecture est que lire petit bout par petit bout vous oblige à faire preuve d'**une plus grande capacité de mémorisation**, surtout en cas de délai entre les envois de chaque chapitre.

Enfin, vous devez garder à l'esprit que **vous n'avez pas toutes les clés** et toutes les informations en main pour comprendre les tenants et les aboutissants du texte. La communication entre vous et l'auteur est encore plus nécessaire.

Malgré tout, l'alpha-lecture est une méthode permettant de **soutenir un auteur**, surtout à ses débuts, pour le pousser à aller au bout de son roman !

2 – La bêta-lecture simple :

Aussi appelée « fiche lecture », « bêta-lecture globale » ou parfois « première relecture », elle consiste à faire une analyse générale sur le texte.

Une fiche peut être fournie par l'auteur ou créée par vous-même, comportant des **questions fermées et ouvertes**. Il s'agit de donner **les points forts et les points faibles**, sans commenter chaque phrase. Elle est donc **plus rapide** et s'apparente à une lecture classique tout en restant analytique.

On la retrouve d'ailleurs dans les maisons d'édition, quand le comité de lecture fait un premier tri des manuscrits reçus.

Soit l'auteur vous demande d'emblée ce type de travail, soit vous pouvez l'appliquer en guise de premier passage sur le texte. La partie suivante (justement intitulée « Bêta-lecture simple ») y est consacrée, mais retenez qu'elle permet de **se concentrer sur nos émotions** et notre ressenti, sur la solidité du fond plutôt que sur le perfectionnement de la forme.

À la fin de cette bêta-lecture, vous serez apte à fournir un retour construit, avec les grands axes à retravailler et ceux qui fonctionnent d'ores et déjà.

3 – La bêta-lecture avancée :

Appelée parfois « relecture avec commentaires », « conseil éditorial » ou « bêta-lecture complète », elle est bien **plus approfondie** que la précédente.

Vous **commentez le texte, ligne après ligne**, chapitre après chapitre pour aller dans le fond du fond ! Vous prenez le temps de revenir sur les tournures de phrase et sur tous les détails qui vous interpellent.

La partie 7 de ce guide « La bêta-lecture avancée » y est consacrée.

Cette bêta-lecture peut donc être réalisée en deuxième lieu, après vous être immergé une première fois à la place d'un lecteur lambda pendant une bêta-lecture simple.

Agir en deux temps vous donne l'avantage de mieux connaître l'univers, les personnages et les enjeux du manuscrit lors de cette seconde relecture, pour vous concentrer sur la partie technique et être tatillon sur la forme.

Rien n'est obligatoire cependant, vous pouvez directement bêta-lire en détail le texte qui vous est confié.

VI. LA BÊTA-LECTURE SIMPLE

Comme présentée précédemment, la bêta-lecture simple est propice à l'immersion dans l'univers de l'auteur. Elle vous permet de donner votre avis après une lecture analytique globale, comme si vous étiez un lecteur lambda, mais attentif.

Selon moi, le plus important à relever ici, ce sont les émotions et le fond !

L'avantage de ne pas vous arrêter sur toutes les tournures de phrases, c'est que vous vous laissez porter par le texte tout en découvrant sa construction. Vous allez le vivre, à fond, en prenant des premières notes sur les points forts et faibles, ce qu'il faudrait éventuellement modifier, retirer et ajouter.

Il vous sera alors possible de donner à l'auteur un compte-rendu avec vos émotions à chaud, les premières impressions que vous en gardez et vos conseils pour solidifier intrigue et personnages.

1 – Le scénario :

Y avait-il du suspense, de l'originalité, des événements surprenants ou attendus ?

Faites appel à votre culture. Souvenez-vous de vos lectures passées, des films et des séries visionnés ou de vos jeux vidéo. Est-ce que le manuscrit vous a fait songer à une autre histoire, même seulement par rapport à un ou deux éléments ?

Vous pourrez fournir un point de comparaison à l'auteur, sans que ce soit mal ou le considérer comme de la copie. Au contraire, cela lui permettra de situer son œuvre au cœur de la jungle du monde culturel.

Si le manuscrit ne vous a rien rappelé, pas de

panique, il est peut-être vraiment original ou vous n'avez jamais été confronté à ce type d'histoire.

Qu'avez-vous pensé de la chronologie des événements ? Était-ce logique ou confus ?

Est-ce que des rebondissements vous ont paru absurdes ou évidents ? Y avait-il des révélations tirées par les cheveux ou qui ont donné une nouvelle dimension à l'histoire ?

S'il y avait des choses que vous n'avez pas comprises, avertissez l'auteur : il saura vous dire si c'est voulu ou s'il y a un besoin de précisions dans le texte.

2 – Les émotions :

Quelle est la scène qui vous a marqué ?

En refermant le manuscrit, quelle séquence vous reste en tête ? Pourquoi celle-ci en particulier ?

Quelles émotions avez-vous éprouvées durant votre lecture ?

Sachez mettre des mots sur les sentiments qui vous ont traversé et à quel moment. Cela donnera de bons indices à l'auteur pour savoir si son intention a été comprise ou s'il était à côté de la plaque.

Qu'avez-vous ressenti à la fin ? Comment vous sentez-vous après avoir lu les dernières lignes ?

Plutôt frustré ? Il manque peut-être des réponses à certaines parties de l'intrigue.

Plutôt soulagé ? Dans ce cas, que manquait-il à l'histoire pour vous sentir plus impliqué ?

Plutôt hystérique ? Il semblerait que vous ayez accroché !

3 – La fluidité du récit :

Avez-vous ressenti de la lenteur dans les événements ou des révélations trop rapides ; une insuffisance ou un surplus de précisions ?

Vous avez lu sans les voir les trois dernières pages ? Cherchez-en la raison. Était-ce un manque de concentration ? Si vous étiez parfaitement attentif, mais que le passage vous a ennuyé, c'est qu'il y a forcément une cause derrière.

Exemple : le personnage est engagé dans une longue réflexion sur le sens de la vie.

Si cette scène n'a pas de rapport avec la trame principale, il s'agit potentiellement d'un passage à supprimer ou à modifier. Signalez-le à l'auteur (sans lui imposer évidemment) et, si vous avez une idée d'amélioration, suggérez-la.

Si, au contraire, cette longue réflexion est en lien direct avec l'intrigue, elle nécessite plutôt d'être raccourcie ou retravaillée pour la rendre dynamique.

À quel moment/chapitre vous êtes-vous senti embarqué dans l'histoire ?

Prêtez attention à votre comportement pendant la lecture. Quand avez-vous ressenti cette envie insoutenable de continuer jusqu'à la fin ? Pour une accroche parfaite, il faudrait que cela vous arrive dès le premier chapitre.

Si ce ne fut pas le cas, était-ce parce que le sujet traité ne vous intéressait pas ? Dans ce cas, vous n'êtes simplement pas le public ciblé.

Si le thème vous plaît, peut-être manquait-il quelque chose pour retenir votre attention ? Cela peut provenir d'un ou de plusieurs facteurs que vous avez à étudier durant cette bêta-lecture. Procédez par élimination pour définir d'où vous vient ce manque.

Avez-vous ressenti un équilibre entre les descriptions, les scènes d'action et les dialogues ? L'un supplantait-il les deux autres ?

Si vous n'avez rien remarqué de particulier, l'équilibre était bon. Dans le cas contraire, déterminez les chapitres à harmoniser.

Les dialogues sonnaient-ils justes ?

Chaque personnage, comme s'il existait réellement, se doit d'avoir une voix qui lui est propre. Si certaines paroles vous ont semblé forcées, confuses ou inappropriées, elles n'étaient probablement pas adaptées.

4 – Les personnages :

Étaient-ils originaux ? Vous êtes-vous attaché ou identifié à eux ? Qui vous a marqué et qui vous a semblé sans intérêt ?

Il est possible qu'un personnage vous bouleverse positivement ou négativement, tout comme il arrive de s'attacher au « méchant » et de détester le héros. Ce n'est pas une faute, au contraire, c'est parfois voulu par l'auteur. Trouvez quels aspects vous ont attiré et lesquels vous ont rebuté, au moins chez les protagonistes.

Si vous avez oublié un personnage (secondaire ou principal), occultant jusqu'à son existence avant de relire vos notes, il a besoin d'être retravaillé. Chacun doit apporter quelque chose à l'histoire. Si rien ne change sans lui, vous pouvez suggérer de le supprimer.

Leurs réactions étaient-elles logiques ?

Ici, il s'agit de surveiller leur comportement. Un

personnage solitaire et avide de voyage, qui décide subitement d'aider quelqu'un ou de s'installer quelque part, doit avoir une bonne raison. La construction de son passé joue sur la réalité de son présent.

Avez-vous noté une évolution ?

Ce qu'on attend le plus d'un personnage, c'est sa transformation due aux péripéties qu'il traverse. Si vous êtes incapable de voir la différence entre le héros du début et de la fin, les changements ne sont pas assez flagrants ou sont inexistants.

5 – Le style d'écriture :

Les mots avaient-ils un bon enchaînement ?

Le vocabulaire était-il riche et varié ?

Avez-vous noté des lourdeurs ?

Même si chaque auteur a un style d'écriture qui lui est propre, à la lecture, vous devriez être capable de remarquer les phrases trop longues, trop alambiquées, ou au contraire qui vous ont marqué l'esprit.

Sans évoquer l'orthographe et la grammaire, la richesse du vocabulaire influe sur l'accessibilité du texte, d'autant plus si le livre s'adresse à un public jeune.

6 – Justifiez chacun de vos commentaires

Voici quelques exemples de ce que vous pourriez noter :

Exemple 1 : chapitre 11, la révélation est peu surprenante, parce qu'au chapitre 5, l'attitude du personnage nous dévoile ses intentions et qu'un indice nous est donné dès le chapitre 2. Est-ce volontaire ?

Exemple 2 : chapitre 24, la scène est pleine d'émotions, j'adore, parce que les mots sont précis, les descriptions réalistes et je m'identifie au protagoniste grâce à son passé.

Exemple 3 : chapitre 3, il y a beaucoup d'explications sur le fonctionnement de la magie. C'est intéressant, mais l'afflux d'informations est trop important, et tout n'est pas pertinent à connaître dès le début, car cela ne sert pas aux personnages avant le chapitre 18. Tu pourrais distiller les explications au fil du texte pour alléger le passage ?

7 – Les questions fermées :

Après les questions ouvertes sur la construction de l'histoire, vous pouvez répondre à diverses questions fermées. Elles peuvent être définies avec l'auteur ou vous pouvez en préparer avant votre lecture.

En voici quelques exemples :

– Conseilleriez-vous ce livre à un ami ?

– Est-ce un livre que vous aimeriez avoir au format papier dans votre bibliothèque ? Ou, le cas échéant, est-ce un livre que vous conserveriez dans votre liseuse ?

– Le liriez-vous une seconde fois ?

– L'avez-vous lu jusqu'au bout ?

– Vous êtes-vous ennuyé(e) en cours de lecture ?

– Étiez-vous pressé(e) de connaître la fin ?

– Avez-vous visualisé des images en le lisant ?

N'ayez pas peur d'**être honnête** dans les questions fermées, vous pourrez toujours expliquer vos raisons dans votre compte-rendu ou directement à l'auteur.

Si vous pouvez fournir de telles informations, l'auteur aura déjà une bonne approche de travail.

Vous trouverez une **liste complète de questions de relecture**, ouvertes et fermées, applicables à différents aspects du manuscrit, **en annexe 2** du guide.

8 – Donnez-lui une conclusion

Une seule phrase peut regrouper **le principal point fort et celui à retravailler**. Cela montrera à l'auteur ce qui vous a sauté aux yeux à la lecture. Il est intéressant pour lui d'être au fait de ses qualités et de ses défauts pour être conscient du travail qu'il aura à faire sur ses compétences.

N'oubliez pas, surtout, si les endroits à rectifier sont primordiaux à connaître, les **points positifs** qui n'ont pas besoin de réécriture sont aussi **à mettre en lumière** !

En plus de tout cela, vous êtes libre de lui fournir plus de précisions, d'exemples pris dans son texte ou de techniques d'amélioration dans votre compte-rendu, sur une, deux ou quinze pages.

Si vous enchaînez avec une bêta-lecture avancée, c'est lors de celle-ci que vous développerez vraiment les éléments relevés sur le style d'écriture, phrase après phrase.

VII. LA BÊTA-LECTURE AVANCÉE

Ici, on entre dans les méandres de l'écriture, dans le cœur de la bête, dans les rainures du parquet. Bref, vous avez compris, avec ce type de relecture, on va aussi loin que possible ! On peut être tatillon sur chaque mot, remettre en question chaque ligne, puisque vous avez l'occasion d'annoter le texte sur toute sa longueur.

Nous allons voir ensemble que conseiller à l'auteur sur :

– son ouverture,

– sa structure,

– ses personnages,

– le rythme de son histoire,

– sa mise en scène,

– sa forme.

VII.A – L'OUVERTURE :

Les premières pages d'un roman sont souvent les plus déterminantes. Elles seront les premières à être lues, que cela soit par un éditeur ou par le lecteur qui flâne à la librairie. Ce sont aussi celles qui apparaîtront si quelqu'un commande un extrait en ligne avant de l'acheter.

L'auteur a tout intérêt à soigner le début de son œuvre pour **marquer les lecteurs** et leur donner envie d'aller plus loin. Il va alors passer un « contrat » avec son public : annoncer les **enjeux** de l'histoire (autrement dit les dangers de l'intrigue) ainsi que ses **intentions** (quels thèmes allez-vous retrouver dans ce livre ?).

1 – Les enjeux :

Au début du manuscrit, l'auteur doit **présenter l'intrigue** de son roman. Il ne s'agit évidemment pas de dévoiler le contenu, mais vous devez avoir assez d'indices sur **ce qu'elle va impliquer pour les personnages** : que risquent-ils de gagner ou de perdre ? Connaître les enjeux installe une tension qui donne envie aux lecteurs de découvrir le déroulement de l'histoire.

De nos jours, on estime souvent qu'à partir des cinq premiers chapitres, **l'élément déclencheur** de l'intrigue doit avoir eu lieu. Ce n'est bien sûr qu'une indication qui dépend des choix de l'auteur ou même de la taille desdits chapitres. Pour certains romans, l'intérêt sera là dès le premier paragraphe, mais d'autres prendront le temps de démarrer (parfois même en faisant patienter le lecteur jusqu'à la moitié du livre). Il n'y a pas de règles fixes, mais vous pouvez vous caler sur **les premiers 10 %** du manuscrit, tout en veillant à rester en accord avec l'intention de l'auteur.

Avez-vous envie de continuer après avoir lu le début ?

Si oui, vous pouvez féliciter l'auteur !

Si ce n'est pas le cas, il y a plusieurs raisons possibles :

– Les enjeux sont dévoilés, mais l'histoire ne vous emballe pas. Vous ne faites peut-être pas partie du public cible ? Dans ce cas, faites appel à toute votre objectivité pour avoir un œil neutre sur la construction du récit.

– L'intrigue a démarré, mais vous n'avez pas compris les enjeux. S'ils manquent de clarté, c'est peut-être parce que les premières scènes ne les présentent pas ou qu'elles n'ont pas d'objectif assez défini. Il peut être intéressant d'y consacrer un commentaire.

Si l'auteur souhaite les rendre implicites, les enjeux doivent tout de même être présents dès le début. Expliquez ce que vous avez saisi pour qu'il s'assure que cela correspond à son idée. Le mystère est peut-être désiré, mais il ne doit pas empêcher l'engagement des lecteurs.

– L'intrigue a démarré, mais les enjeux ne sont pas assez importants. Même dans un roman *feelgood*, les enjeux doivent être suffisamment attractifs et impliquer émotionnellement les personnages (et, par extension, les lecteurs). Il convient ici de les retravailler.

– Les enjeux ne sont pas encore dévoilés. La « longueur » avant leur apparition est-elle vraiment nécessaire à son installation ? Trouvez comment alléger l'ouverture. Le manuscrit commence-t-il « trop tôt » dans la vie des personnages ?

Si les enjeux de l'histoire manquent d'attractivité, cela peut donc venir : d'une **absence d'objectif** dans certaines scènes (qu'apportent-elles pour amener le personnage au lancement de l'intrigue ?), d'**enjeux insuffisants** ou d'un **défaut d'équilibre** (entre description, dialogue et action).

En outre, certains univers (imaginaires notamment) peuvent se révéler complexes et riches en informations. Est-ce que l'auteur a été trop prompt à fournir toutes les subtilités de son monde ? Ce qu'il présente est-il nécessaire à la compréhension des choses ? Appelée **l'*info dumping*,** cette décharge de détails, parfois loin d'immerger le lecteur, risque de briser sa concentration et son intérêt.

Honnêtement, qui a envie de lire trois pages dédiées au bâtiment historique Machin-Chose, construit en l'an 40 par des hommes-chèvres, alors que les personnages ne font que passer devant et n'y reviendront jamais ?

J'exagère, mais ne croyez pas que c'est chose rare ! Les auteurs ont une similitude avec *George de la Jungle* : quand ils s'élancent dans leur vaste monde imaginaire, il n'est pas certain qu'ils s'arrêtent avant de rencontrer un tronc.

Évidemment, si l'auteur souhaite tout de même

écrire une encyclopédie en guise de prologue (saluons J.R.R. Tolkien en passant), rien ne l'en empêche.

S'il est possible d'**aller à l'essentiel** ou de **distiller ces détails** au fur et à mesure des chapitres, quand les personnages en auront l'utilité, conseillez de le faire (et cette suggestion vaut pour la totalité du manuscrit). Cherchez les éléments « superflus » dans l'ouverture et proposez de les **dévoiler à un endroit précis et pertinent**.

2 – Les intentions de l'auteur :

Dans ces premiers 10 % du roman, l'auteur doit vous présenter les catégories et **les grands thèmes de son histoire**. Il peut y en avoir des dizaines bien sûr, mais annoncer les principaux est indispensable pour orienter les lecteurs. Ils sauront ainsi dès le début ce qu'ils « risquent » de lire.

Voici un témoignage concret pour vous expliquer.

Un jour, j'ai entamé ce que je croyais être une romance contemporaine avec pour objet la reconstruction et l'acceptation de ses propres démons. On me présentait une héroïne blessée physiquement et émotionnellement, au caractère violent et à l'esprit vengeur. J'imaginais donc qu'elle allait devoir trouver la paix, le pardon et accepter son nouveau « moi ».

Ça a été le cas sur plus de la moitié du livre, quand, sans prévenir, débarquèrent des loups-garous et de la magie ! Brusquement, il ne fallait plus s'accepter en tant qu'humain, avec ses qualités et ses failles, mais plutôt maîtriser l'enchantement responsable de ses noirs instincts. Tout le chemin parcouru par le personnage principal jusqu'à cet instant n'avait servi à rien, puisqu'il s'agissait d'un problème magique à résoudre au lieu d'une évolution psychologique.

Je me suis retrouvée perdue, avec un sentiment de trahison. Pourquoi ? Parce que le fantastique n'avait jamais été annoncé par l'auteur. Je ne voulais pas une solution sortie de nulle part, mais bien quelque chose de concret et de tangible comme dans la vie réelle.

Veillez donc à ce que les **intentions** de l'auteur soient **identifiables** dans les premiers chapitres et listez-les. L'auteur vous dira si cela correspond à ce qu'il espérait.

Si vous avez eu de la difficulté à les discerner ou avez été surpris, ils manquent possiblement de **transparence**. L'auteur pourra ajouter quelques indices pour orienter ses lecteurs.

Il y a tellement d'histoires écrites qui méritent toutes d'être lues ! Il faut **donner un aperçu** au lecteur de ce qu'il aura s'il prend la peine d'accorder son temps à celle-ci. Avez-vous eu l'impression d'être accueilli avec des feux d'artifice et un plateau de cookies chauds ? Ou avec un exemplaire du Code civil et une assiette de brocolis tièdes ?

ÉLÉMENTS À RETENIR SUR L'OUVERTURE :

- → Les premiers 10 % d'un manuscrit sont déterminants.
- → L'ouverture doit présenter des enjeux clairs et importants.
- → L'abondance de détails est à éviter, les descriptions doivent rester pertinentes.
- → Les intentions de l'auteur doivent être identifiables.

VII.B – LA STRUCTURE :

Dans une histoire, la structure désigne les actions qui la composent, de son début (la situation initiale) jusqu'à sa fin (la situation finale), autrement dit la construction de l'intrigue. Nous pouvons aussi l'appeler le « fond » en opposition à la « forme », qui signifie le style d'écriture.

Par exemple, pour le *Seigneur des anneaux* de J. R. R. Tolkien, l'intrigue pourrait se résumer en une phrase : « un Hobbit se voit confier un anneau magique qu'il doit détruire avant que le Seigneur des ténèbres ne s'en empare ». Il y a donc la situation initiale (Frodon reçoit l'anneau) et le spectre de la situation finale (faire disparaître le bijou ensorcelé ou le perdre aux mains de l'ennemi). Au milieu, il y aura toutes sortes de péripéties qui amèneront à la conclusion.

Première question : avez-vous compris l'intrigue ?

Si vous ne l'avez pas identifiée :

– Les personnages vous ont-ils semblé sans but ?

Cela vient peut-être d'un manque de clarté sur la situation initiale. Si vous n'avez pas réussi à savoir quel est **l'objectif des personnages** au début du manuscrit, vous aurez de la difficulté à comprendre sa raison d'exister. L'auteur aurait intérêt à vérifier que son ouverture présente bien le but à atteindre.

– Il n'y avait pas d'enjeux majeurs ou vous ne les avez pas repérés ?

Pour qu'une histoire vous tienne en haleine, il faut pouvoir garder en tête ce que craignent les personnages à chaque instant. Si **les risques** ne sont pas suffisants, l'intrigue principale peut vous paraître secondaire ou injustifiée. Suggérez à l'auteur de repenser les raisons de l'implication de chaque protagoniste pour approfondir **l'envie de les voir réussir**.

Si vous avez identifié l'intrigue principale :

L'intrigue est claire dès votre première lecture, c'est parfait ! Maintenant, sortons notre loupe d'inspecteur.

1 – La chronologie :

Parlons déjà de l'importance de la chronologie. **Chaque événement doit servir une partie de l'intrigue** pour l'amener petit à petit de son stade initial (sa problématique) à son stade final (sa résolution ou son échec). Si la scène ne profite pas à l'intrigue principale, elle peut être consacrée aux intrigues secondaires ou à l'introduction d'un nouveau personnage, par exemple. Mais chaque scène doit avoir un objectif, comme s'il s'agissait d'**une histoire dans l'histoire**.

Votre rôle est de trouver **les scènes qui nuisent au roman**. Pour un auteur, il est souvent compliqué d'être objectif sur leur utilité, puisque peu importe ce qu'elles contiennent, il les aimera quand même ! Pourtant, cela pourrait être synonyme d'une **perte de rythme**, d'égarements du lecteur, de **confusion** ou même de **décrochage** s'il y en a beaucoup.

Toujours avec tact et bienveillance, si vous décelez une scène à l'objectif peu clair, qui ne fait avancer ni l'histoire ni les personnages, proposez déjà de **la raccourcir**, d'en faire une ellipse en quelques phrases ou bien de **la modifier** pour lui redonner de l'intérêt. Si vraiment rien n'est exploitable, **suggérez de la supprimer** pour aérer le texte. En général, si un passage peut être retiré sans que cela influe sur la compréhension de l'intrigue ou des personnages, une suppression est envisageable.

N'ayez pas peur d'être intransigeant dans votre

jugement. Enlever une scène ou un chapitre entier est un exercice courant dans l'écriture, surtout après un premier jet ; de la même manière qu'il est commun d'en ajouter si le problème est inverse !

Abordons d'ailleurs le sujet de la **cohérence**. Chaque événement doit être **la suite logique** du précédent. Toutes les décisions que prendront les personnages et toutes les paroles prononcées auront (et devront avoir) **une incidence sur leur futur**.

Que pensez-vous de l'enchaînement des péripéties ? Est-ce que chacune entraîne des conséquences logiques qui mènent à la prochaine ?

La réponse peut être « oui » !

Cependant, comme l'auteur connaît son histoire par cœur, il arrive qu'**il crée des raccourcis** sans s'en rendre compte. Si vous sentez que la réflexion d'un personnage va un peu vite en besogne, proposez d'**étoffer le cheminement** des pensées avant d'en venir à la conclusion. Si vous avez la sensation qu'il vous manque des **éléments de compréhension**, cela peut être soit un oubli, soit une volonté de l'auteur. N'hésitez pas alors à lui poser la question, surtout si cette insuffisance d'informations vous a fait sortir de votre lecture. Le mystère doit **nourrir l'immersion**, pas la desservir !

Même chose dans l'autre sens : un personnage qui ne comprend rien, alors que toutes les preuves sont à sa disposition, peut se révéler frustrant et agaçant pour les lecteurs. Si vous trouvez qu'un **indice est trop évident**, prévenez l'auteur.

Autre cas, les **actions sans conséquences** : chaque événement doit rapprocher ou éloigner un peu plus les héros de leur destination. Comme vu plus haut pour les scènes sans objectif, celles sans incidences sont à remanier de manière identique.

Les péripéties sont-elles cohérentes géographiquement et temporellement ?

Il s'agit de **surveiller** autant le contenu de la scène que son **environnement**. Des changements « sauvages » de **décor** peuvent survenir sans que l'auteur y fasse attention, de même que des **sauts temporels** illogiques.

S'il faut neuf jours pour voyager d'une forêt à une montagne, il en nécessitera neuf pour le chemin du retour. Si un personnage est assis sur un tabouret au bar, sur le plan suivant, il ne pourra pas se trouver sur une banquette au fond de la salle sans avoir effectué le déplacement (à moins qu'il ne soit question de téléportation, mais là encore, il faudrait l'annoncer).

Aussi appelées des *plot hole*, ces **incohérences mineures** peuvent briser l'immersion.

Pour n'en rater aucune, **prenez des notes** sur un fichier à part, en inscrivant par exemple le numéro du chapitre, le lieu où il commence, comment sont disposés les personnages, leurs tenues, etc. Comme disait Nietzsche, « le diable est dans les détails ».

2 – Le rythme :

Le rythme par l'intensité :

Pour **garder l'attention du public** sans l'essouffler ni l'endormir, une histoire doit contenir des **pics de tension** et des **relâchements**. Plusieurs schémas sont possibles, mais l'intensité vient souvent crescendo jusqu'à l'apothéose finale, afin d'exacerber la curiosité, l'impatience et la pression qu'éprouvent les lecteurs. Les scènes calmes mettent en valeur celles plus dramatiques.

Surveillez votre attitude et vos ressentis durant la bêta-lecture.

Quels passages sont « extrêmes » ? Lesquels sont plus doux ? Trouvez-vous qu'il y a un équilibre entre les deux ?

Il est possible qu'un récit **enchaîne les actions** sans répit, maintenant une tension haute tout au long de sa narration. Ce n'est pas forcément une mauvaise chose ! Prévenez l'auteur et offrez-lui, si vous avez la sensation que les faits vont trop vite, d'ajouter des moments de calme pour **développer d'autres aspects** de son histoire qui manqueraient de profondeur.

En revanche, il faut veiller à ne pas conseiller inutilement de faire du **« remplissage » pour retarder** les événements. Chaque scène doit avoir son objectif ! Parfois, il suffit de **réorganiser le déroulement** de l'intrigue pour amener l'histoire sous un angle différent.

Plus concrètement, pour développer l'histoire, vous pouvez proposer d'insérer un dialogue entre personnages, pour faire progresser leur relation et mieux connaître leur passé, avant qu'ils ne soient surpris par un imprévu. Sinon, vous pouvez aussi proposez de profiter d'un entre-deux scènes pour approfondir une intrigue secondaire, ou suggérez une étape de réflexion ou de remise en question du héros sur ses motivations avant de le conduire à une nouvelle confrontation.

Tous ces passages de développement servent aussi à la **caractérisation des personnages**.

À l'inverse, une histoire où se succèdent les paragraphes sans intensité fait baisser l'intérêt des lecteurs. Surtout dans les univers riches et complexes, avec une foule de personnages, l'auteur peut s'éparpiller sans s'en rendre compte. Il s'agit ici de **rappeler l'objectif principal** de ses héros. Tous les chapitres ou scènes qui s'éloignent un peu trop sont à retravailler (ou à supprimer) pour les orienter dans la bonne direction et servir la ou les intrigues.

Là encore, une réorganisation des chapitres peut être suffisante. Sinon, proposez-lui d'ajouter un conflit dans certains, qui vient déranger les personnages et les pousser à l'action. **Les bouleversements impliquent le lecteur** dans l'histoire et font appel à son empathie, bien plus que si la vie du héros est paradisiaque du début à la fin.

Le rythme dans les obstacles :

Nous parlions des enjeux de l'intrigue tout au début de cette partie. Il est temps d'aborder les obstacles.

Une histoire bien structurée est faite de **victoires** et de **défaites**, apparentes ou réelles, qui permettent de **faire évoluer les personnages**.

Un héros qui réussit tout ce qu'il entreprend a moins de saveur qu'un autre qui se bat jusqu'au bout, même quand la situation est critique. C'est le **doute permanent couplé à l'espoir** qui conduit les lecteurs jusqu'aux dernières pages (et qui vous mène aussi à la fin du roman avec fébrilité).

Pour cela, il faut atteindre un certain **équilibre entre les forces** qui s'opposent : le héros ne doit pas être trop puissant face à l'antagoniste, ni celui-ci trop fort pour laisser une chance de succès.

Les enjeux étant bien marqués depuis le début du manuscrit, les obstacles qui se dressent devant les personnages doivent avoir des **conséquences en cas d'échec**, tout comme **en cas de victoire**. Allant de pair avec l'intensité et la chronologie, les obstacles deviennent souvent, eux aussi, de plus en plus grands.

Nous pourrions schématiser ainsi :

Enjeux → Objectif → Actions → Obstacles
→ Conséquences → Évolution → Actions
→ Obstacles → ... = Objectif atteint ou non.

Est-ce que les obstacles rencontrés par les protagonistes sont suffisants ? Pouvez-vous citer leurs victoires et leurs défaites ?

Si vous ne relevez que des triomphes, l'histoire a sûrement un goût de « trop simple », les personnages sont peut-être les mêmes qu'au début, la victoire semble insatisfaisante. S'il est naturel de vouloir que ses héros réussissent, l'auteur doit pourtant **présenter des contrastes** au cœur de son intrigue.

Pour autant, un enchaînement d'échecs peut

être légèrement lassant ! Aidez l'auteur à **trouver le juste milieu** s'il n'y est pas parvenu dès le début. Relevez les moments propices à une victoire ou à une défaite, tout en gardant à l'esprit les **conséquences** qu'auront ces choix.

L'équilibre n'a pas à être parfait non plus. Vous pouvez rencontrer deux réussites contre une catastrophe ou un premier triomphe puis deux petites pertes : les combinaisons sont infinies.

Attention, le but n'est pas de réécrire l'histoire à la place de l'auteur, mais bien de lui donner des pistes pour y apporter toujours plus de **substance** et d'**immersion**.

Une vigilance toute particulière doit être appliquée à **l'obstacle final**. Il doit être le plus important de tous, le plus dur à passer, celui qui va exiger le maximum des héros. Il arrive qu'un auteur, pressé de finir son premier jet, bâcle le « combat final », que l'on appelle le « climax » (il ne s'agit pas forcément d'une bataille, suivant le genre du roman). C'est pourtant là qu'il faut apporter le plus de contenus, car il va mener à la résolution et à **l'équilibre final**.

Si vous sentez le dénouement trop rapide, recommandez de l'étoffer suivant les manques ressentis : plus de détails descriptifs, plus d'action, plus de révélations… Tout dépend du manuscrit !

Prêtez aussi attention à l'utilisation des « **deus ex machina** » pour contrer les obstacles : un personnage ou une intervention divine, venus de nulle part et de manière opportune exactement à l'endroit et au moment requis. C'est une **solution de facilité** bancale et peu appréciée.

Faites travailler votre imagination si vous êtes face à ce genre de démarche pour proposer un autre procédé à l'auteur. Que pourrait-il se passer à la place ? Les personnages n'ont-ils pas la ressource nécessaire pour s'en sortir seuls ? S'ils ne l'ont pas, est-il possible de préparer la venue de ce sauveur de dernière minute, avec des indices savamment disséminés tout au long du texte ?

3 – La résolution

Il existe deux approches pour clore un roman : une fin fermée ou une fin ouverte.

Surtout, vous devez mettre de côté vos préférences. Seul l'auteur peut décider de la manière dont il termine son histoire, que cela soit avec une conclusion heureuse ou dramatique (les fameux *happy end* ou *bad end*). S'il hésite entre deux versions et vous demande votre avis, dans ce cas, allez-y. Mais surtout, n'imposez pas votre vision d'une « bonne fin ».

Avez-vous toutes les réponses à vos questions ? Sont-elles suffisantes ou certaines méritent-elles d'être approfondies ?

Pour les **fins fermées**, c'est assez simple, il faut que toutes les interrogations soulevées soient élucidées. Toutes les intrigues secondaires et tous **les mystères doivent être résolus**.

Si vous avez pris des notes tout au long de votre bêta-lecture, vous devriez avoir relevé toutes les questions qui vous sont venues, ce sera donc simple à vérifier.

Pour les **fins ouvertes**, il s'agit de laisser planer le doute sur l'atteinte d'un objectif ou sur l'avenir des personnages.

Je pourrais citer le livre *Shutter Island* de Dennis Lehane, qui ne dévoile rien sur la réussite ou l'échec de l'expérience menée sur l'île. Ou encore le film *Inception* de Christopher Nolan, avec la scène finale de la toupie.

Soyez attentif à ce qui reste ouvert. L'usage d'un leurre pour emmener le lecteur sur une fausse piste ne doit pas demeurer sans explication. La fin ouverte **clôture les mystères** de l'intrigue, mais propose plusieurs **possibilités d'interprétation sur l'atteinte d'un objectif** principal ou secondaire.

Exemple 1 : dans *Shutter Island*, toute l'expérience est explicitée. La fin ouverte vaut uniquement pour l'objectif, à savoir la réussite ou l'échec du test.

Cela peut aussi concerner l'avenir des protagonistes.

Exemple 2 : imaginons qu'un peuple s'est soulevé contre un gouvernement d'oppresseurs et a renversé les pouvoirs en place. L'objectif est atteint, le livre se finit. Mais parviendront-ils à s'unir ensuite pour établir un ordre égalitaire, ou un nouveau dictateur va-t-il profiter du chaos institutionnel pour prendre le poste laissé vacant ?

Dans le cas d'une **saga** en plusieurs volumes, il est rare d'avoir toutes les justifications dans le premier opus. Notamment pour l'intrigue principale qui tient jusqu'à la fin du dernier tome prévu. En revanche, les **petites intrigues** uniquement **liées au livre** en cours doivent être **clôturées** pour permettre l'évolution du personnage avant le prochain.

Si vous trouvez des éléments encore flous, assurez-vous que l'auteur compte bien fermer les questions restées sans réponse dans les tomes suivants et qu'il ne s'agit pas d'un oubli.

4 – Conclusion sur la structure :

Toucher à la structure est souvent synonyme d'un gros travail de réécriture, mais c'est aussi **la base** de toute histoire. Sans structure, même une prose digne de Victor Hugo ne saurait retenir l'attention des lecteurs bien longtemps.

Soyez franc avec l'auteur, pointez du doigt ce qui fonctionne bien et ce qui doit être refondé ou réassemblé. Peut-être vous ignorera-t-il, vous dira que vous avez mal lu ou vous regardera avec les yeux suppliants d'un chien battu, alors soyez fort et argumentez au maximum.

Beaucoup de patience vous sera peut-être nécessaire, donc rappelez à l'auteur que vous soulignez des problématiques pour l'aider, en toute bienveillance. De votre côté, acceptez qu'il reste le seul décisionnaire de la direction que prend son texte.

ÉLÉMENTS À RETENIR SUR LA STRUCTURE :

→ Les personnages doivent avoir un but clair.

→ Les enjeux sont connus et importants.

→ Chaque scène a un objectif et des conséquences.

→ Les péripéties se succèdent de façon logique.

→ Le décor et la temporalité sont cohérents.

→ Il y a une alternance de tensions et de relâchements.

→ Les personnages rencontrent des difficultés plus ou moins grandes.

→ Le dernier obstacle est le plus crucial de tous.

→ La fin du livre apporte les réponses requises.

VII.C – LES PERSONNAGES :

Les personnages sont l'essence d'une histoire. Ils apportent la **texture** nécessaire à la structure pour la rendre **tangible et immersive**.

Si vous avez fait une première relecture simple, vous avez déjà pu appréhender leur caractère et leur évolution. Vous pouvez aller encore plus loin en cherchant du côté du réalisme, de la cohérence et de l'attachement.

En adéquation avec l'intrigue, chaque personnage doit avoir un but et un besoin. Son but est connu de tous alors que son besoin est caché ou sous-entendu : ce dernier est le manque inconscient nécessaire à son évolution.

1 – La construction et l'évolution :

Un personnage, qu'il soit principal ou secondaire, détient **sa propre histoire** pour être authentique. Un défaut de construction le rend peu convaincant. Au-delà d'une description physique, ce sont ses actions et ses paroles qui le caractérisent. Chacun doit avoir sa propre **vision de la vie**, avec ses nuances et ses contradictions, qui est bâtie grâce à **son passé** et aux événements vécus tout au long du roman.

Les dialogues sonnent-ils vrais ?

Une construction réaliste passe avant tout par les échanges. Les **dialogues doivent correspondre aux personnages** : l'intonation, le débit de mots, le vocabulaire ou même la manière de jurer est spécifique à chacun. Sans avoir besoin d'aller dans l'extrême, ils doivent posséder une façon unique d'exprimer les choses.

Prenez une conversation avec assez de matière pour être étudiée : pouvez-vous cacher les noms des personnages et deviner à qui appartient chaque ligne de paroles ? Si c'est le cas, tant mieux ! Si non, l'auteur a un petit travail de **personnalisation** à faire.

Ensuite, une autre technique (que j'utilise moi-même tout le temps) consiste à **lire** tous les dialogues **à voix haute**. Adoptez l'intonation décrite par l'auteur et mettez-vous à la place du personnage : est-ce que cela sonne juste ou forcé ?

Ce n'est peut-être qu'un souci de vocabulaire, de syntaxe ou de choix d'incise. Mais, parfois, les **échanges** semblent **contraints** pour coller au mieux à l'intrigue, s'éloignant du caractère du personnage.

Si des ajustements sont nécessaires, faites une proposition d'amélioration (si vous en avez une) et indiquez que vous vous en êtes rendu compte après un test à l'oral. L'auteur pourra lui-même s'y essayer et décider s'il veut modifier ou non.

Est-ce qu'un ou plusieurs personnages

semblent subir l'intrigue ?

Un **personnage passif**, qui n'a ni ambition ni motivations, vit l'intrigue de la même manière qu'un autre. S'il est **interchangeable** sans altérer l'intrigue, cela signifie que son arc narratif n'est pas assez façonné et impliqué dans la structure du roman. Qu'il soit timide ou peureux ne l'oblige pas à accepter toutes les situations sans réagir. Les personnages, mêmes secondaires, doivent tous avoir un **objectif à atteindre** et se donner les **moyens d'y parvenir**.

Si vous en repérez un qui manque d'aplomb et de libre arbitre (qu'il s'agisse du principal, ou d'un autre qui ne fait que suivre le héros sans s'y opposer), soulignez-le à l'auteur. Si c'est un oubli ou une faiblesse de construction, l'auteur pourra le retravailler. Mais peut-être ses motivations sont-elles volontairement cachées ? Dans ce cas, l'auteur pourrait accentuer le mystère qui l'entoure si vous avez ressenti une insuffisance d'informations.

Que faire dans le cas d'un **personnage** secondaire qui n'est que la **copie d'un autre** ou qui n'apporte rien de particulier à l'intrigue ? Cela arrive bien plus souvent qu'on ne pourrait le penser !

Pour les repérer facilement, censurez leurs interventions ou leurs mentions : si cela ne change rien (ou à peine) à l'histoire, c'est qu'ils peuvent être éliminés sans souci. Si l'auteur vous répond qu'il tient à les garder pour glisser une réplique en particulier, voyez s'il n'est pas possible de l'attribuer à un personnage plus pertinent. Cela peut être doublement bénéfique : **alléger le texte** en supprimant l'inutile et accorder **plus de saveurs** à un autre.

Il faut bien sûr faire la différence avec les personnages « **figurants** », qui sont là pour **donner de la vie** et du réalisme (par exemple : un serveur si les personnages vont au restaurant). Ceux-là se limitent à un rôle simple.

Qu'êtes-vous capable de dire sur le passé des personnages ? Savez-vous ce qui rend un personnage comme il est ? Quelles sont ses relations ? Quelle est sa plus grande faiblesse ?

Si toutes ces questions restent sans réponses, vous avez en face de vous un **personnage « plat »**. Il existe, mais il n'est pas substantiel. L'intrigue doit être construite en collaboration avec le protagoniste : elle doit le faire progresser. Pour avoir une **évolution**, il faut bien une **base à modifier**.

Proposez donc de retravailler **l'origine du personnage** : ses croyances et ses valeurs, ses hontes et ses fiertés, son enfance et son éducation, sa réputation et son entourage, ses forces et ses faiblesses, son âge et sa santé, ses rêves et ses cauchemars, etc. Toutes ces choses le rendront tangible et réaliste.

Il est possible que l'auteur possède ces détails sur la vie de son personnage, mais qu'il n'ait pas bien su **les retransmettre à l'écrit**. Les auteurs, connaissant leurs personnages sur le bout des doigts, oublient de temps en temps que les lecteurs ont tout à découvrir. Dans ce cas, est-ce qu'il manque des **scènes dédiées à leur développement** ? S'il y en a déjà, sont-elles trop succinctes ? Manquent-elles de clarté, de précisions ou de complexité ?

2 – La cohérence :

En première lecture, vous avez peut-être noté quelques soucis de cohérence. Grâce à la bêta-lecture, vous pouvez aller encore plus loin en cherchant jusqu'à la plus petite des **confusions.**

Cela passe par les **descriptions** physiques (comme une alternance de couleur des yeux ou de style vestimentaire) autant que par le **caractère** du personnage. Au même degré que pour les décors, vous pouvez consigner les caractères de chacun au fur et à mesure que vous les rencontrez dans le texte pour garder un œil dessus.

Cela vous permet de vérifier que leurs **réactions** restent **logiques** face aux obstacles qui se dressent sur leur route. Si l'arc narratif et les personnages sont en adéquation, cela devrait correspondre. Mais il arrive parfois que le tempérament du personnage soit mis de côté afin de coller au plan prévu par l'auteur, comme nous l'avons vu pour les dialogues.

L'exercice est un peu plus difficile, car il faut vraiment connaître les personnages pour être capable de déceler ce genre de contradiction (d'où l'intérêt d'une première relecture pour se familiariser avec eux).

La cohérence par les contrastes :

La cohérence passe aussi par la **diversité** des personnages : ils ne peuvent pas tous penser la même chose.

L'antagoniste n'est pas méchant par principe, mais plutôt parce que sa vision de la vie est à l'opposé de celle du héros. *Idem* pour l'entourage de ce dernier : les alliés ne sont pas obligés d'être une copie moins épique du héros. Ils ont des **croyances** et des **valeurs** qui peuvent diverger, même légèrement, et servent à **contraster** les décisions du personnage principal.

Par exemple, un protagoniste craintif met en évidence le courage d'un autre.

La cohérence grâce aux contradictions :

Un personnage réaliste est, comme nous le sommes, susceptible d'avoir des **contradictions**. Par exemple, il peut être généreux avec ses amis, mais avare avec les inconnus. Pour que ces antinomies soient cohérentes, cherchez dans **leur passé**. Qu'ont-ils vécu pour être ainsi ? Pourquoi ce paradoxe et pas un autre ? Pourquoi est-il mis en avant ?

Surveillez cependant que l'auteur n'est pas trop catégorique. Il m'est arrivé de lire un texte dans lequel l'héroïne refusait de s'engager amoureusement avec qui que ce soit, jusqu'à ce que débarque le héros et qu'elle modifie totalement son avis. Le problème : ce n'était pas **justifié**. Qu'est-ce que cet homme avait de plus que les autres ? Qu'est-ce qu'il réveille chez elle pour la pousser à changer ses convictions du jour au lendemain ? L'auteur ne peut pas claquer des doigts pour transformer son personnage. Il faut du temps, des obstacles et des remises en question.

La cohérence avec le quotidien :

L'élément perturbateur, lançant le début de l'intrigue, bouleverse la vie des protagonistes. Mais l'auteur a-t-il pris en compte la **vie « d'avant »** ? Un personnage ne naît pas à l'instant où commence le premier chapitre (sauf exception). Il a des contacts, des habitudes, peut-être un métier ou des cours ? Le déclenchement de l'intrigue ne peut pas oblitérer ces facettes de son existence.

Sans que cela ralentisse exagérément l'atteinte de l'objectif principal, insérer des **moments de vie quotidienne** est propice à la **caractérisation** des personnages et au développement de leurs **relations**. Si vous avez l'impression que l'intrigue va trop vite, il manque peut-être cet aspect réaliste à l'histoire.

3 – Les clichés :

Le bibliothécaire est réservé et porte des lunettes.

Le romantique est très sensible.

L'homme d'affaires est un coureur de jupons.

Le sportif n'est pas le couteau le plus aiguisé du tiroir.

Tous ces clichés peuvent transformer les personnages en clones *Stormtrooper* façon *Star Wars*, au lieu de **les rendre uniques et inoubliables.** Cependant, certains sont admis, car considérés comme la **norme**, voire attendus dans certains genres littéraires (exemple en imaginaire : les vampires et les loups-garous sont ennemis jurés ; les elfes ont les oreilles pointues et vivent dans une forêt).

Comment différencier les stéréotypes acceptables de ceux qui sont en trop ? Cherchez **ceux qui desservent** l'intrigue ou les personnages : ceux-ci peuvent être travaillés.

Exemple : lors de votre relecture, si vous avez levé les yeux au ciel devant la demoiselle qui trébuche et qui est rattrapée de justesse par le gentleman, c'est peut-être parce que vous avez l'habitude de ce genre de scène. Quelle alternative dans ce cas ? Demandez-vous si une variation mettrait en valeur ou concorderait mieux avec la personnalité des personnages. Est-ce que la jeune femme est une acrobate qui sait parfaitement recouvrer l'équilibre ? Est-ce que l'homme, tête en l'air, pourrait ne pas la voir tomber ?

Si, en revanche, la version « clichée » **correspond au profil** du personnage, et donc à l'intrigue, rien n'oblige à changer.

On retrouve le même genre de tendance quand le protagoniste ou l'antagoniste est **le plus fort** et le plus intelligent de tous. Ce n'est pas un mal, mais « héros » n'est pas forcément synonyme de « invincible ». On ne peut pas se réveiller en génie de l'informatique un matin sans avoir, au minimum, des notions de base et un peu d'expérience dans le domaine. Si vous rencontrez ce genre de cliché, cherchez-en **les raisons**. Pourquoi est-il si fort ? Est-ce logique ? Est-ce justifié par son passé, son tempérament, son patrimoine génétique ou autre chose ? Si l'auteur ne l'explique pas, prévenez-le que le **manque de réalisme** peut coûter en matière d'**attachement**.

ÉLÉMENTS À RETENIR SUR LES PERSONNAGES :

→ Chaque personnage est unique et concret.

→ Les dialogues sont le reflet de leur personnalité.

→ Chacun a un but et un besoin qui lui est propre.

→ Il faut des passages dédiés à leur caractérisation.

→ Les personnages présentent des contrastes entre eux.

→ Ils sont cohérents avec eux-mêmes.

→ Ils ont une vie avant l'intrigue.

→ Les clichés sont savamment employés.

VII.D – LE RYTHME :

Comme nous l'avons déjà abordé dans la partie sur la structure, les différences d'intensité et les obstacles vont faire vivre des montagnes russes aux lecteurs. Au-delà de l'intrigue, le rythme se retrouve aussi **dans la forme**, donc dans l'écriture en elle-même.

Vous avez senti des longueurs pendant votre lecture ou des accélérations un peu trop brusques ? Des phrases qui ne mettaient pas en valeur le fond proposé par l'auteur ?

Voici quelques pistes pour optimiser la cadence afin qu'elle soit en adéquation avec l'histoire.

1 – Les débuts de chapitre :

Pour amener des changements de rythme dans l'intrigue, il peut être intéressant de jouer sur les **ouvertures**.

Avez-vous remarqué comment débutent les chapitres ? L'auteur utilise-t-il plutôt la description, le dialogue ou l'action ? Varie-t-il entre les trois ?

Une **alternance** de ces trois méthodes permet de diversifier la vitesse « d'entrée » dans le chapitre. La **description** a tendance à faire une entrée lente, le **dialogue**, une plus dynamique et l'**action**, une plus rapide. Aucune des trois n'est mieux qu'une autre, il s'agit simplement d'exploiter la technique la plus judicieuse en fonction du contenu.

Pour savoir si l'auteur a fait le bon choix, jetez un œil au chapitre précédent. Comment s'est-il fini ? Par exemple, s'il annonçait un conflit épique, il peut être pertinent de donner ce qui est attendu au début du suivant : ici, de l'action. Tout dépend de **ce que l'auteur veut véhiculer** au début : une urgence, une suspension du temps ou un échange.

Est-ce qu'un chapitre commence en résumant le contenu du précédent ?

Parfois, un auteur fait un petit **rappel** de ce qu'il s'est passé, peut-être sans s'en rendre compte. Si vous avez l'impression **qu'il se répète** et que c'est inutile, n'hésitez pas à lui conseiller de supprimer ces détails. Instaurer des longueurs sans objectif dessert l'histoire.

Par contre, si énormément de choses se sont déroulées et que vous avez senti une meilleure compréhension des événements, rien n'oblige à l'enlever. Mais, dans ce cas, s'il vous manquait des informations, un travail est peut-être à faire sur les chapitres d'avant pour **ajouter de la clarté**.

En revanche, ce genre de rappel est intéressant **dans le cas d'une saga**, pour permettre au lecteur de se situer après une pause entre deux tomes. Quelques précisions sur les événements ou les personnages aident à replonger dans l'histoire et à se souvenir de ce qu'il s'est passé. Rien d'obligatoire cependant, il est aussi possible de faire un résumé en début de livre (façon épisode de série « Précédemment dans… »).

2 – Les fins de chapitre :

De même que l'ouverture, il est possible d'hétérogénéiser les fermetures.

Est-ce qu'elles clôturent les chapitres avec justesse ? Votre attention est-elle maintenue en finissant les chapitres ? L'auteur emploie-t-il une variation ou les sorties sont-elles trop similaires ?

Les fins surprenantes, aussi appelées ***cliffhanger***, permettent d'**accrocher l'intérêt** du lecteur à la dernière phrase pour lui donner envie de tourner la page. Son usage est efficace pour créer une forte attente, mais l'effet peut être émoussé en cas d'utilisation systématique. Tout comme une scène calme met en évidence les moments d'action, les sorties plus descriptives valoriseront un *cliffhanger*.

De plus, comme nous l'avons vu pour les débuts de chapitre, il arrive qu'un **résumé des actions** et des révélations précédentes se glisse dans les fins. Traquer les **répétitions superflues** de la même manière ! En théorie, le lecteur vient juste de lire le chapitre, donc il est inutile de lui rappeler ce qu'il s'est passé.

3 – Les descriptions :

Pendant les passages explicatifs ou de réflexion des personnages, certaines **descriptions traînent en longueur.** Ces moments sont indispensables, mais, si certains sont trop étendus pour vous maintenir dans la lecture, voici plusieurs procédés que vous pourrez proposer.

Première astuce : **agrémenter** les descriptions **d'action ou de dialogues**.

Par exemple, pour dynamiser une description de lieux interminable et soporifique, vous pouvez conseiller à l'auteur de faire avancer le personnage en même temps qu'est décrite la scène. Plutôt que de présenter l'intégralité de l'environnement d'un seul bloc, il peut commencer par une **vue large**, puis faire bouger son personnage dans le décor pour **resserrer la vision** du lecteur sur les détails qui se révèlent au fur et à mesure.

Même chose pour les longues réflexions des personnages. Si vous repérez de gros paragraphes qui s'enchaînent, analysez s'il est possible de glisser une ou deux **lignes de dialogue** (le personnage pourrait se parler à lui-même ou même à son animal de compagnie, par exemple). Cela permet tout simplement d'alléger le texte.

Deuxième astuce : manier le ***show, don't tell*** (qui signifie « montrer, ne pas dire ») avec pertinence. Cela consiste à décrire une émotion (notamment en utilisant les cinq sens) plutôt qu'à l'écrire directement.

Exemple :

– « Elle est en colère. » : on dit de quelle émotion il s'agit, on donne des faits, c'est donc du *tell*.

– « Ses poings se serrent et ses narines se dilatent. » : on montre la manifestation de la colère par des détails physiques, c'est donc du *show*.

Cette technique est souvent mise en avant comme étant la solution ultime à de bonnes descriptions, mais il convient de nuancer. **Le *show* et le *tell* sont tous deux bénéfiques** justement, car cela fera **varier le rythme** des informations fournies.

Comment sont les descriptions de l'auteur ? Est-ce trop rapide, pas assez évocateur ? L'ambiance de l'histoire se ressent-elle à travers les mots ?

Dans les scènes présentant une forte **importance émotionnelle**, exploiter le *show* va permettre à l'auteur de composer une atmosphère immersive. Conseillez-lui d'ajouter des **détails sensoriels** pour **créer de l'empathie** chez le lecteur.

Comment l'auteur gère-t-il ses révélations ?

Le ***tell*** est tout de même utile pour bousculer le rythme. Si vous trouvez que l'impact de certains dévoilements est réduit par l'abondance de précisions, il peut être pertinent d'appliquer du *tell* à ces endroits. La **libération brute d'informations** va créer un choc au lecteur, en raison de son contraste avec les descriptions plus émotionnelles.

Exemple : prenons une scène romantique, où l'on commence par de la description en *show* et où l'on finit avec du *tell*.

« Son cœur battait la chamade. La bouche étirée d'un sourire, elle découvrit la pièce plongée dans la pénombre où il régnait un parfum suave de fleurs. L'impatience naquit au creux de son ventre, aussi intense que lors de leur rencontre. La lueur de quelques bougies accompagna ses pas au centre de la salle à manger où son mari l'attendait, affalé sur une chaise, visiblement endormi. La jeune femme dut se mordre la lèvre pour retenir un rire moqueur. Elle s'approcha de lui et tendit la main vers sa joue, appréciant sa barbe rugueuse sous ses doigts, avant de murmurer un surnom affectueux. Un bruit de succion lui répondit, puis la tête de son mari s'écroula au sol. Elle hurla. »

Ici, on a donc préparé une ambiance romantique, de l'émerveillement et de l'attente avec du *show*. Puis, on **brise le rythme lent** en larguant la bombe grâce à une phrase simple.

Troisième astuce : lorsqu'il est nécessaire de donner certaines informations sans trop s'y attarder, l'auteur peut **faire des ellipses** pour expliquer succinctement ce qu'il se passe et avancer plus rapidement **jusqu'à une scène constructive**.

Exemple : un personnage prend son déjeuner.

« Il se dirige vers le réfrigérateur et attrape des œufs, qu'il casse dans un saladier avant de saisir un fouet pour les réduire en omelette. Puis, il prépare une poêle et allume le gaz. Lorsque la poêle est enfin chaude, il y verse les œufs et les remue doucement en attendant leur cuisson. »

Vous vous êtes endormi ? Moi aussi. L'auteur peut en outre écrire « Après le déjeuner… » pour résumer les cinquante mots précédents.

Bien sûr, si les aliments sont essentiels à connaître, si ces **détails apportent une valeur** à la suite de l'histoire, l'auteur peut les garder. Encore qu'il soit possible de réduire ce qui n'est pas utile : « Après une délicieuse omelette… » est suffisant si l'importance est dans le contenu du repas.

Les descriptions sont-elles répétitives ?

L'auteur doit **éviter de revenir sur la même description**. Par exemple, si ses protagonistes vont plusieurs fois au même endroit, il est redondant de représenter l'entièreté du lieu à chaque occasion. Une phrase ou **quelques mots suffisent** à rappeler où ils se trouvent.

Dernière astuce : est-ce que l'auteur laisse une place à **l'imagination** ?

Les **détails visuels** permettent d'immerger le

lecteur, mais un **excès** peut facilement le perdre. Si cela a été votre cas pendant votre bêta-lecture, repérez les éléments montrés inutilement et qui ont brouillé l'image dans votre esprit. Demandez-vous alors jusqu'à quelle phrase ou quel mot vous avez parfaitement vu la scène.

Tout était-il pertinent ou avez-vous décroché à un certain moment ? Quels détails étaient superflus ?

Exemple : imaginons un homme d'affaires en costume trois-pièces. L'auteur décrit jusqu'à la couleur et la forme de ses boutons de manchette. Pourquoi ? Est-ce utile pour montrer un aspect du personnage ou pour le futur de l'intrigue ? Sont-ils en réalité en toc parce que le personnage veut faire croire à une certaine richesse ? À moins qu'ils ne soient retrouvés sur une scène de crime, cinq chapitres plus loin ?

Si cela n'apporte rien de particulier, ce genre de détails peut donner au lecteur la sensation d'**être envahi**, que l'on **bride son imagination** et donc briser son immersion.

4 – La syntaxe :

Selon la nature d'une scène, les phrases qui la dépeignent doivent **s'adapter pour suivre son rythme**. Les phrases longues sont plus propices à la description tandis que les phrases courtes communiquent plus facilement un effet percutant.

À quelle vitesse vont les scènes d'action ? Sentez-vous une lenteur frustrante ou une rapidité étourdissante ?

Attention, ne conseillez pas d'emblée à l'auteur de ne mettre que des phrases courtes dans ses scènes d'action. Les phrases longues sont tout aussi utiles pour donner des variations de rythme.

Par exemple, les **phrases longues** peuvent montrer une relation de **cause à effet** des actions ou un changement dans l'équilibre des forces. À l'inverse, les **phrases courtes** sont pertinentes pour les **enchaînements** ou pour **choquer** le lecteur.

Comme un chef d'orchestre, il faut trouver la

façon de sublimer le rythme propre à chaque histoire sans pour autant dénaturer le style de l'auteur. Indiquez-lui les passages en déséquilibre en lui expliquant la **différence d'intensité** que vous ressentez.

Première astuce : réduire les **phrases trop longues** en quantité de mots. Si, parvenu à la fin d'une phrase, vous ne savez plus quel est le sujet, c'est qu'elle nécessite d'être coupée ou amenée d'une autre manière. On peut considérer qu'une phrase peut faire **environ trente-cinq mots** à la suite avant de **perdre l'attention** du lecteur. S'il vous est arrivé d'être désorienté, certaines phrases méritent sûrement d'être retravaillées. Attention, cela ne veut pas dire qu'une phrase ne peut pas faire quarante ou cinquante mots ! Tout dépend de la manière dont elle est construite.

Est-ce que tous les détails sont nécessaires ?
Est-il possible de couper la phrase en deux, au niveau des subordonnées par exemple ?

Deuxième astuce : pour clarifier les propos de l'auteur, conseillez-lui de consacrer **une phrase à une seule idée**. Cela peut permettre de réduire celles trop longues en plus de mettre en avant chaque pensée séparément les unes des autres.

Idem lorsque plusieurs **phrases** se suivent en **expliquant les mêmes faits** de différentes manières. On appelle cela une « **redite** ». Il y a, en effet, beaucoup de façons de rédiger une idée. L'auteur peut, de temps en temps, hésiter ou aspirer à être le plus clair possible en écrivant deux fois la même chose. Malheureusement, cela provoque un **ralentissement** en plus d'une redondance. Indiquez-lui ces passages. Vous pouvez ensuite lui proposer d'en choisir une et de supprimer l'autre, ou bien de regrouper les fragments intéressants des deux et de n'en faire qu'une seule.

Cela ne concerne en revanche pas les effets de style volontaires de l'auteur, lorsqu'il souhaite accentuer un élément par la répétition.

Troisième astuce : vous pouvez vous retrouver face à une phrase qui « sonne » étrangement. Il est parfois difficile de l'expliquer, mais, comme en poésie ou en musique, les **mots** peuvent aussi bien **s'harmoniser** que créer une **dissonance**. Interpréter les dialogues à voix haute permet d'apprécier leur réalisme, le faire pour tout le texte est pratique pour tester la **musicalité des mots**.

Si une phrase vous semble étrange, **lisez-la à haute voix** : est-ce différent ? Quel terme vous gêne ? Si vous trouvez la réponse, donnez-la à l'auteur. Si non, et ce n'est pas grave, signalez-lui simplement qu'il doit y prêter attention.

ÉLÉMENTS À RETENIR SUR LE RYTHME :

→ Le début et la fin des chapitres servent le rythme de l'intrigue.

→ Les débuts et fins de chapitres évitent de résumer les faits précédents si ce n'est pas pertinent.

→ Il ne faut pas abuser des *cliffhangers.*

→ Les longues descriptions restent dynamiques.

→ Le *show* et le *tell* sont tous les deux utilisés dans les descriptions.

→ L'auteur laisse une place à l'imagination des lecteurs.

→ La syntaxe soutient le rythme.

→ Les phrases trop longues sont retravaillées et les redites, coupées.

VII.E – LA MISE EN SCÈNE :

1 – La cohérence :

Dans la fiction, certains **aménagements** administratifs ou juridiques sont souvent **tolérés** pour permettre l'avancement de l'intrigue. On accepte par exemple facilement qu'une enquête policière soit plus rapide et nécessite moins de paperasse que dans la réalité.

Cependant, il convient de contrôler que le récit conserve une **cohérence globale**. Prêtez attention aux éléments annexes à l'histoire pour vous assurer que rien d'aberrant ne vous saute aux yeux.

Exemple : en France, l'école est obligatoire pour les enfants. Donc, si le personnage les dépose le matin, il doit aller les chercher le soir. S'il ne le fait pas, il faut une explication. S'ils sont absents, cela doit être justifié auprès de l'Administration, même pour les adolescents. Si le personnage veut batifoler avec son nouveau coup de cœur, les plus jeunes peuvent difficilement être laissés sans surveillance.

Vous avez compris l'idée : l'auteur peut prendre des libertés, tant qu'il conserve un minimum de **logique** afin de **ne pas briser l'immersion** des lecteurs. Si des aspects vous ont dérangé, indiquez lesquels : il y a peut-être un moyen de les modifier ou de les éviter.

2 – Les genres de l'imaginaire :

Même chose lorsqu'il s'agit d'un univers imaginaire. Les auteurs peuvent tout faire, tout inventer, tant que cela garde de la **cohérence**.

Sans m'étendre sur ce qu'on appelle le *world building*, en tant que bêta-lecteur, il est possible de tester la **stabilité de la construction** d'un monde (même s'il est apocalyptique).

Quelques éléments sont indispensables pour rendre le récit **vivant et réaliste**. L'auteur doit développer tout ce qui tourne autour de l'environnement (le climat, la topographie, la biologie, les sources de nourriture), de la société (le gouvernement et son histoire) et de l'évolution (la technologie présente, le système économique, l'architecture). Il faut aussi comprendre les relations entre les êtres vivants (la famille, la structure sociale, les moyens de récréation, les vêtements) et leur évolution (le langage, l'éducation, la spiritualité).

Sans avoir besoin d'écrire une page *Wikipédia*, toutes ces **informations** sont **données au fur et à mesure** de l'immersion dans le monde imaginaire (pour éviter l'*info dumping*).

Durant votre relecture, avez-vous trouvé ces éléments assez travaillés et cohérents entre eux ?

Il peut advenir de repérer des **incohérences**, ayant plus ou moins d'impact sur l'histoire.

Pas de panique ! Présentez votre étude à l'auteur et voyez s'il arrive à la même conclusion que vous. Chaque problème étant particulier à résoudre, il est difficile de vous donner un conseil précis pour rendre le tout réaliste. L'important est que cela ne vous choque pas à la lecture. Vous devez avoir l'impression que le **système** est **logique** et qu'aucun élément « technique » ne gêne votre immersion ou ne bloque votre imagination.

Une manière d'**éprouver la stabilité** du monde est de se **demander « comment » et « pourquoi »** pour chaque aspect.

Pour vos relectures de manuscrit dans le genre de l'imaginaire, vous pouvez donc ajouter à votre compte-rendu une partie sur la **construction de l'univers** dans laquelle vous répondez à ces questions pour montrer ce que vous avez compris et retenu. En même temps que vous rédigez cette partie, vous **visualisez si l'ensemble est cohérent**.

Une autre **technique** pour vérifier cette stabilité

consiste à se demander « **et si ?** ».

Exemple 1 : concevons qu'un sorcier peut faire naître du feu par la seule force de sa volonté. Est-ce valable dans tous les cas ? « Et s'il pleut, sa magie fonctionne-t-elle toujours ? », « Et si ses vêtements sont mouillés ? », « Et s'il a les mains entravées ? », « Et si... ».

Exemple 2 : testons une structure gouvernementale en imaginant une monarchie classique. « Et si le roi meurt avant d'avoir un descendant ? » Cette question en entraîne des dizaines d'autres : que se passe-t-il alors ? Y a-t-il une cérémonie ? Qui prendra sa place ? Est-ce définitif ? À qui cela profite ? Qui voudrait sa mort ? Qui aurait dû le protéger et a échoué ? Cette personne sera-t-elle punie ? De quelle manière ? Qui le remplacera auprès du nouveau roi ?

Chacune de ces questions permet de **définir le comportement** des personnages concernés, leurs **relations** ainsi que les **arcs narratifs** éventuels.

Vous l'aurez compris, il y a la possibilité de « démanteler » chaque composant imaginaire de l'histoire pour s'assurer de leur cohérence. Néanmoins, si vous souhaitez vous atteler à cette étude, attendez d'avoir une vision globale et une bonne connaissance du manuscrit pour ne rater aucun détail.

ÉLÉMENTS À RETENIR SUR LA MISE EN SCÈNE :

→ Les raccourcis « administratifs » ou « juridiques » sont autorisés s'ils demeurent réalistes.

→ La base d'un monde inventé est solidement construite.

→ Les mondes imaginaires restent cohérents dans toutes les situations.

VII.F – LA FORME :

Même si l'auteur vous demande de l'aide pour améliorer la forme de son texte, vous devez absolument **respecter son style**, sans jamais lui imposer le vôtre. Vos **propositions** doivent être aussi **justifiées** que celles portant sur le fond.

Nous avons déjà vu comment rythmer l'écriture, voici quelques pistes pour la sublimer qui peuvent convenir à tous types d'histoire.

1 – Les incises :

Ce sont les verbes qui suivent les lignes de dialogue : « dit-il », « fit-elle », « demandai-je » et autres variantes. Le problème de ces **incises** est qu'elles sont **généralistes** et ne donnent **pas d'indications sur le ton ni l'émotion** du personnage.

Il existe énormément de verbes pouvant s'associer aux paroles, n'hésitez donc pas à les proposer aux auteurs s'ils ont tendance à utiliser toujours les mêmes. Si vous avez de la difficulté à trouver le plus adéquat, vous pouvez éplucher les dictionnaires de synonymes pour débusquer **celui qui transmet exactement le sentiment** voulu.

<u>*Exemple :*</u> pour remplacer « acquiescer », il existe *approuver, admettre, accepter, accorder, abdiquer, concéder, confirmer, convenir, opiner, obtempérer, valider*. Et cette liste peut s'agrandir avec des verbes précisant encore un peu plus l'état d'esprit du personnage : s'il acquiesce à contrecœur, pourquoi ne pas utiliser « grommeler » ou « grimacer » ?

En passant, notez que tous les verbes ne peuvent pas s'employer en incise. Par exemple, le verbe « sourire » n'est pas un verbe de dialogue, mais d'action ! Remplacez-le par « dit-il en souriant » ou une autre variante.

Petite précision : les incises ne sont **pas obligatoires**.

Exemple :

« Je le saluais de la main, le sourire aux lèvres.

— À bientôt ! lui lançai-je. »

Même sans contexte, vous saisissez que c'est le personnage narrateur qui s'est exprimé, nous pouvons donc enlever ce « lançai-je ». Chaque fois que **la narration** autour du dialogue **permet sa compréhension**, ajouter une incise n'est pas nécessaire.

2 – Les verbes « faibles » :

On appelle « faibles » les verbes de base, dont l'utilisation est facile, mais imprécise. On retrouve : *être, avoir, faire, pouvoir, vouloir, dire* ; ainsi que les verbes de sensation classiques : *voir, regarder, sentir et entendre.*

De la même manière que pour les incises, l'usage de mots **plus exacts** rend le texte **plus concret et tangible** pour les lecteurs. Il arrive qu'un auteur utilise un nom accompagné par un complément pour exprimer une idée, alors qu'il est souvent possible d'aller au plus juste **avec un unique mot**.

Exemple : « il voyait vaguement la rue à travers le rideau » peut tout aussi bien se traduire par « il apercevait… » ou « il discernait la rue à travers le rideau… ».

Appliquer un terme plus adapté à ce que souhaite dire l'auteur est bénéfique au **rythme** en plus de lui éviter de faire des répétitions.

3 – Les adverbes en –ment :

Ce sont tous les compléments servant à donner des précisions sur une action, un lieu ou même un état (doucement, lentement, vivement, férocement, goulûment, etc.).

On conseille souvent de traquer ces **adverbes** qui **alourdissent** la lecture, puisqu'il suffirait de changer le verbe auquel il est rattaché pour obtenir une signification similaire. Tout comme pour les verbes faibles et les incises, il est possible de

rechercher le terme exact plutôt que de broder autour d'un verbe classique en l'accompagnant d'adverbes.

Exemple : si on reprend la phrase de l'exemple précédent « il voyait vaguement », nous avons trouvé un mot plus conforme.

Cependant, ils ne sont pas pour autant à bannir. **Certains adverbes apportent un sens, une sonorité** particulière à une phrase et un **rythme** différent. Une gradation d'adverbes génère un effet que ne pourrait avoir un simple mot, même s'il transmet une idée identique.

Une citation de Vladimir Nabokov, tirée de son livre *Lolita*, le démontre :

> « *D'emblée, nous fûmes passionnément, gauchement, scandaleusement, atrocement amoureux l'un de l'autre.* »

Cette phrase n'aurait pas une telle saveur sans ses adverbes !

L'important est donc de s'assurer que l'auteur

les utilise à bon escient : pas pour camoufler un style imprécis, mais pour donner un sens spécifique à ses mots.

Vous trouverez, en **annexe 3**, une **liste d'outils pratiques** en ligne pour accompagner votre relecture et vos recherches de base sur le style d'écriture.

4 – La taille des chapitres :

Il n'y a **pas de règles** prédéfinies. Longs, courts, de tailles identiques ou variées, d'une seule phrase, etc. Chaque auteur est libre de leur longueur. En revanche, le découpage des chapitres a une **utilité narrative et rythmique**. Un nouveau chapitre est propice à un changement de décor ou à un saut dans le temps, par exemple.

Ce sont comme des petites histoires dans la grande histoire, chacune ayant un objectif individuel à atteindre en plus d'avancer vers le but principal.

5 – Le point de vue narratif :

Il existe plusieurs focalisations :

- **Interne**, écrit à la première ou troisième personne du singulier : vous êtes dans la tête d'un seul personnage, vous ne savez pas ce que pensent les autres.
- **Externe**, écrit à la troisième personne du singulier : vous ne connaissez les réflexions d'aucun personnage et vous êtes un simple spectateur de leurs actions.
- **Omnisciente**, écrit à la troisième personne du singulier : vous savez tout et sautez « d'esprit en esprit ».

Il est possible que plusieurs points de vue soient utilisés, il faut cependant toujours veiller à ne pas les mélanger en cours de route et à **les respecter tout au long du texte**.

Le plus aisé est de consacrer **un chapitre** à **un seul point de vue** et à un seul personnage. Si l'auteur décide de changer en cours de chapitre, il peut recourir à des **séparateurs**, des astérisques par exemple. L'important est de veiller à ce que la focalisation soit toujours claire pour le lecteur !

Exemple : chapitre 1, point de vue interne du personnage A (héros 1). Chapitre 2, point de vue interne du personnage B (héros 2). Chapitre 3, point de vue externe sur le personnage C (antagoniste).

Le point de vue interne :

Il faut prêter attention à la **tournure des phrases**. Un simple mot peut nous faire basculer dans l'esprit d'un personnage non focalisé.

Exemple en « je » : « Je me présentais devant lui, prête pour la bataille. Il me dévisagea longuement en s'interrogeant sur la conformité de ma tenue. »

On ne peut pas savoir ce qu'il se passe dans la tête du « il », seulement le supposer. On peut suggérer à l'auteur de mettre « ... l'air de s'interroger sur... » ou « ... comme s'il s'interrogeait sur... ». Et là, la phrase est juste puisque c'est une déduction du personnage sur lequel on est focalisé.

Même chose lorsque l'auteur parle d'un **groupe**. Il peut faire **agir de la même manière** plusieurs personnes, mais doit faire attention à la façon dont il décrit leurs **pensées**.

Exemple avec « il » : « Alexandre et ses compagnons se mirent en route vers la capitale, leurs pensées dirigées vers les incertitudes de l'avenir. »

La réflexion est généralisée à tous les membres du groupe, ce qui est impossible à savoir. Est-ce que l'un des camarades ne songe pas plutôt à ses chaussures qui lui font mal aux pieds ? Pour corriger le tir, vous pourriez proposer de mettre « les pensées du jeune homme dirigées vers les... » ou même de couper la phrase en deux : « Alexandre et ses compagnons se mirent en route vers la capitale. Ses pensées se dirigèrent vers les incertitudes de l'avenir. »

Le point de vue externe :

La formulation a aussi son importance. L'auteur doit absolument **déduire les émotions** des personnages **par leur gestuelle**, leurs actions ou leurs **paroles**.

Exemple : « La femme était en colère lorsqu'elle arriva. »

Il n'y a pas de « preuves » de cette colère. Il devrait la montrer plutôt que de la déclarer : « la femme arriva d'un pas rageur » ; on comprend qu'elle est irritée grâce à sa démarche.

Le point de vue omniscient :

La complexité est de toujours savoir **où se situe le narrateur** (dans la tête de quel personnage). Il faut contrôler le fait que chaque parole, chaque pensée, chaque action proviennent d'un personnage clairement identifié.

N'hésitez pas à poser la question à l'auteur si vous avez un doute.

L'autre difficulté majeure est de veiller à ce que les **changements de personnages** soient **équilibrés**. On peut avoir une « tête » principale et plusieurs secondaires, mais l'auteur doit **le montrer dès les premiers chapitres**. Sinon, il risque de surprendre son lecteur et de le faire décrocher, car cela pourrait apporter de la confusion à cause de la focalisation interne, centrée sur un seul personnage.

ÉLÉMENTS À RETENIR SUR LA FORME :

→ Les incises sont travaillées.

→ Les verbes faibles sont utilisés au minimum.

→ Les adverbes ont un but narratif.

→ Les coupures de chapitre servent le rythme.

→ Le point de vue narratif est annoncé et respecté.

VIII. NOTE AUX AUTEURS

Si vous êtes auteur et que vous avez ce guide entre les mains, ne prenez pas peur. En écrivant un livre, vous savez déjà que le chemin vers la publication est long et ardu. Tous ces points à étudier peuvent vous alarmer ou vous décourager. Mais rappelez-vous que si vous faites la démarche de trouver des relecteurs, vous devrez assimiler le fait qu'il est impossible que tout soit parfait et plaise à tout le monde.

D'ailleurs, le recours à la bêta-lecture est-il obligatoire ? Non. Si vous souhaitez vous publier, c'est extrêmement conseillé, mais c'est un choix que vous aurez à faire.

Si cela vous effraie, commencez avec quelqu'un en qui vous avez confiance, en lui précisant votre état d'esprit et vos peurs. Si vous préférez rester anonyme, vous pouvez passer par des plates-formes de lecture en ligne (comme *Scribay* ou *Wattpad*).

Il est aussi possible de demander un avis seulement sur un premier chapitre ou quelques pages par exemple, pour vous permettre de voir comment travaille la personne et si le dialogue est facile entre vous.

Par ailleurs, si ce ne sont pas des professionnels engagés, mais des bêta-lecteurs bénévoles : n'oubliez pas de les chouchouter !

Ces personnes vont s'investir dans votre histoire, se creuser la tête sur vos intrigues et vous donner du temps qu'ils auraient pu utiliser pour faire autre chose. Même si vous ne serez pas toujours d'accord, n'oubliez pas de prendre soin d'eux.

Voici quelques exemples :

– Remerciez-les (souvent),

– Échangez avec eux tout au long de leur relecture (sans les harceler tous les jours),

– Plus tard, informez-les de vos avancées dans votre correction,

– Contactez-les si vous avez besoin de débattre sur un point,

– Demandez leur avis pour le titre, la couverture et le résumé,

– Indiquez leur nom dans vos remerciements,

– Envoyez-leur la nouvelle version ou offrez-leur votre livre une fois celui-ci publié.

Ce ne sont que des suggestions, vous pouvez aussi bien leur fournir du fromage et des crêpes à volonté, c'est à vous de voir ! L'essentiel est de garder une bonne relation avec vos bénévoles.

Souvenez-vous que le relecteur est là pour vous aider, pour vous pousser toujours plus loin dans votre talent d'écriture et vous faire atteindre les étoiles. Ce ne sera jamais votre légitimité qui sera analysée et critiquée, mais un simple assemblage de mots.

Surtout, vous restez le seul maître à bord : le bêta-lecteur suggère, puis vous validez ou non. Ce sera parfois évident tellement la remarque sera pertinente, et d'autres fois, ce sera subjectif, complexe ou attristant. Dans ce cas, prenez le temps de réfléchir avant de vous décider : quelles seront les conséquences sur l'histoire et les personnages ? Faites une liste des « pour » et des « contre », cela pourra vous aider à y voir plus clair.

Cependant, n'oubliez pas que, si un bêta-lecteur souligne un aspect à retravailler, il ne sera peut-être pas le seul (d'où l'intérêt d'avoir plusieurs relecteurs). S'il vous dit qu'il n'a pas compris une scène, vous ne pouvez pas lui répondre que c'est parce qu'il a mal lu.

Rappelez-vous que vous étiez le seul à connaître votre histoire avant qu'elle ne soit couchée sur papier. Les relecteurs (et vos futurs lecteurs) ne seront pas directement dans votre tête : c'est vous qui devrez les y faire entrer, grâce à des mots.

Peu importe le temps que tout cela vous prendra, votre roman en vaut la peine !

Bonne écriture !

IX. CONCLUSION

Vous arrivez à la fin de ce guide ! Si votre cerveau fume et souffle par vos oreilles, pas de panique, c'est parce que vous avez lu avec attention.

La quantité d'éléments de base à surveiller est peut-être légèrement effrayante, mais il n'y a pas de raisons que vous n'y parveniez pas ! Ce livre est entre vos mains, vous pourrez le consulter à tout moment pour éclaircir vos doutes et répondre à vos questions.

Une relecture demande de l'implication, du temps et des tonnes d'échanges avec les auteurs, mais l'exercice vous viendra de plus en plus facilement au fil de vos bêta-lectures.

Chaque manuscrit est différent et certains auront besoin de plus de travail que d'autres.

Cependant, s'il vous arrive de ne repérer ni incohérences, ni problèmes de rythme, ni manque de caractérisation des personnages : tant mieux ! Vous vous êtes senti embarqué dans l'histoire sans trouver une seule fausse note malgré des heures de recherche et trois relectures acharnées ? C'est que, pour vous, le roman est prêt à être publié et présenté au monde. Il ne vous reste plus qu'à féliciter (beaucoup) l'auteur pour son travail, et vous-même pour avoir consciencieusement terminé cette relecture.

Je précise qu'il est question dans ce guide de mon humble expérience et de mon avis personnel. Il existe sûrement plusieurs façons de procéder, toutes aussi valables. N'hésitez pas à vous en faire votre propre idée.

Donnez le meilleur de vous-même !

À bientôt,

Charlie.

Si ce guide vous a plu, n'hésitez pas à

me donner votre avis sur Amazon !

ANNEXES

ANNEXE 1 – LISTE DES ABRÉVIATIONS

Voici des exemples d'abréviations pour accélérer votre prise de notes pendant vos relectures et catégoriser vos commentaires.

- REM – RM – SUP – DEL : pour une suppression.
- MAD – MD : « mal dit » pour un texte à reformuler
- ARW : « à retravailler » pour un passage à changer ou à préciser.
- REP : pour noter une répétition.
- COH : quand il s'agit d'un problème de cohérence.

• SDT : pour « *Show Don't Tell* » quand on souligne un travail de description, d'émotions à faire.

• ORT : pour une faute d'orthographe.

• TEM : pour un souci de conjugaison

• INFO L : pour « infos lecteurs », les phrases qui expliquent ce que le personnage sait déjà.

• INFO DUMP : pour « *info dumping* », les passages trop lourds en informations, sans justification.

ANNEXE 2 – LISTE DE QUESTIONS DE RELECTURE

Voici de quoi créer vos listes de questions personnalisées, sachant que ce n'est pas obligatoire d'en utiliser. L'auteur ou l'autrice peut parfois fournir sa liste ou vous pouvez vous appuyer dessus pour agrémenter votre compte-rendu.

La plupart sont des questions fermées, certaines sont notées sur 5 points et d'autres nécessitent un peu plus de développement pour analyser les points importants. Cela vous permet d'avoir des réponses claires et/ou approfondies en fonction des cas.

Les questions sont accordées au masculin et à la troisième personne du pluriel. Libre à vous de les féminiser ou de les passer au tutoiement si vous êtes plus à l'aise !

Comment les utiliser ?

Copier la liste telle quelle ne sera pas pertinent. Toutes les questions qui suivent ne seront pas cohérentes avec l'histoire que vous bêta-lirez et certaines sont même similaires, simplement formulées autrement pour convenir à chacun et chacune.

Sélectionner les questions cohérentes en fonction des chapitres et du besoin que vous rencontrez dans l'histoire. Les « questions générales » et les « questions liées à une future publication » sont à adapter aussi. Vous pouvez faire une liste précise à la fin de chaque chapitre, puis une liste générale à la fin du livre.

N'hésitez pas à la compléter avec vos propres interrogations !

A – L'ouverture (le début de l'histoire ou d'un chapitre)

– À quel moment/chapitre vous êtes-vous senti embarqué dans l'histoire ?

– Les premiers paragraphes étaient-ils intrigants ? Est-ce qu'ils vous ont donné envie d'aller plus loin dans votre lecture ? Si non, quel était le problème ?

– Est-ce que vous avez compris assez rapidement à travers le texte le personnage principal de l'histoire, ce qu'il se passe, quand et où ? Si oui, écrivez-le en une phrase. Si non, qu'est-ce qui vous a perdu ?

– Est-ce que l'histoire a continué à vous intéresser passé les premiers chapitres ? Si non, à quel moment avez-vous senti votre intérêt fléchir ?

B – La fermeture (la fin de l'histoire ou d'un chapitre)

– Étiez-vous pressé de connaître la fin ?

– Qu'avez-vous ressenti à la fin ?

– Comment vous sentez-vous après avoir lu les

dernières lignes ?

– Quelle est la scène qui vous a le plus marqué ?

– Comment avez-vous trouvé la fin : décevante, trop évidente, sous-développée ? Des questions restent-elles sans réponse ? Ou la fin vous a-t-elle satisfait ?

– Avez-vous des questions restées sans réponse ? Si oui, lesquelles ?

– Y a-t-il quoi que ce soit de symbolique que vous retenez de cette lecture ? Avez-vous l'impression qu'il y a un ou des messages derrière l'histoire ?

– Sur une échelle de 1 à 5, à quel point avez-vous aimé ce roman ? Pourquoi ?

– Si vous n'avez pas donné la note maximale, qu'est-ce qu'il manque, à vos yeux, pour lui donner un 5/5 ?

– Quelles sont vos parties préférées ?

– Quelles parties avez-vous moins aimées ?

– Avez-vous trouvé que l'histoire était prévisible ?

– Maintenant que votre lecture est finie, pour ce qui est de l'histoire et de ses rebondissements, avez-vous ressenti des problèmes de rythme ?

C – La structure

– Vous êtes-vous ennuyé en cours de lecture ?

– L'histoire vous a-t-elle semblé intéressante ? Vous a-t-elle emporté ou au contraire ennuyé ? Quels moments vous ont paru trop longs ?

– Y avait-il de la tension, de l'originalité, des éléments surprenants ou attendus ?

– Quelles scènes/phrases avez-vous préférées ?

– Quelles scènes étaient excitantes ? Pourraient-elles être développées et encore améliorées ?

– Quelles scènes étaient ennuyeuses ? Pensez-vous qu'elles devraient être réduites, remplacées, voire supprimées ?

– Des scènes vous ont-elles paru incompréhensibles ou illogiques ?

– L'histoire vous a-t-elle semblé crédible ?

– Pourquoi pensez-vous que [cet événement] s'est produit ?

– En ce qui concerne les rebondissements, avez-vous ressenti un manque de rythme ou, au contraire, des péripéties ou révélations qui s'enchaînaient trop vite ?

– Avez-vous été capable de visualiser où et quand l'histoire se déroulait ? À quel endroit du monde réel cela vous fait-il penser ?

– Avez-vous visualisé des images en le lisant ?

– Y a-t-il des choses que vous n'avez pas comprises ou qui n'étaient pas claires ?

– Est-ce que les descriptions vous ont paru assez détaillées, vivantes, réelles ? Manquaient-elles d'informations ou, au contraire, en recelaient-elles trop ?

– Qu'avez-vous pensé de la scène suivante : [description scène] ?

– Est-ce que les scènes et leur découpage vous ont fait entrer dans l'histoire immédiatement ?

– Qu'avez-vous pensé de la chronologie des événements ? Était-ce logique ou confus ?

D – Les personnages

– Avez-vous pu vous attacher au personnage principal, ressentir ses émotions (ses joies, ses peurs, ses inquiétudes, etc.) ?

– Avez-vous trouvé les personnages principaux passionnants ? Si non, que leur manque-t-il pour vous attacher ?

– Étaient-ils assez approfondis ?

– À quel personnage vous êtes-vous le plus identifié ? Pourquoi ? Qu'avez-vous aimé ou détesté chez lui ?

– Quel est votre personnage préféré du roman et pourquoi ?

– Selon vous, y a-t-il des personnages qui pourraient être rendus plus réalistes, plus attachants ? Avez-vous trouvé que certains manquaient de profondeur ?

– Les relations entre les personnages paraissaient-elles crédibles ou artificielles ? Lesquelles avez-vous préférées ? Lesquelles ne vous ont pas plu et pourquoi ?

– Qu'avez-vous pensé de la relation entre [nom personnage] et [nom personnage] dans ce chapitre ?

– Que pensez-vous du personnage [nom personnage] ?

– Manquait-il quelque chose pour rendre les antagonistes détestables et réalistes ou les avez-vous trouvés suffisamment développés ?

– Les réactions des personnages étaient-elles logiques ?

– Avez-vous noté une évolution ?

E – Les dialogues

– Les dialogues vous ont-ils paru naturels ? Pour quelles raisons ? Si non, lesquels vous ont paru artificiels ? Pourquoi ?

– Comment pensez-vous qu'ils pourraient être améliorés ?

– Chaque personnage a-t-il une voix bien à lui dans votre tête ? Ressentiez-vous l'émotion du personnage dans chacune des répliques ? Si non, à quel endroit n'était-ce pas le cas ?

– Que pensez-vous du vocabulaire employé pour le langage parlé ?

– Les incises (notamment les verbes de parole) semblaient-elles pertinentes ? Trop présentes ou pas assez ?

F – La forme (le style d'écriture)

– Avez-vous repéré des répétitions choquantes ou des formules récurrentes ?

– Avez-vous repéré des formulations maladroites, des phrases trop longues ou incompréhensibles ?

– Les mots avaient-ils un bon enchaînement ? Quelle phrase vous a paru lourde ?

– Le vocabulaire était-il adapté, riche, varié ?

– Avez-vous apprécié le style ? Vous a-t-il donné de l'émotion ?

G – Questions générales (à poser à la fin d'un chapitre ou du livre)

– Immédiatement après avoir fini ce chapitre/ce livre, qu'en pensez-vous globalement ?

– Quelle est votre partie préférée ? Pourquoi ?

– Quelles émotions vous ont envahi durant votre lecture ?

– Y a-t-il des parties que vous n'avez pas aimées ? Pourquoi ?

– Quand avez-vous arrêté de lire pour la première fois ?

– Avez-vous eu envie de vous arrêter de lire à certains moments ? Si oui, quand ?

– Sur une échelle de 1 à 5, à quel point avez-vous apprécié ce chapitre ?

– Sur une échelle de 1 à 5, quelle est la probabilité que vous continuiez à lire ?

– Quelles sont vos prédictions et théories sur la suite de l'histoire ?

– Avez-vous ressenti un équilibre entre les descriptions, les scènes d'action et les dialogues ? L'un supplantait-il les autres ? Si oui, était-ce dérangeant par rapport à la situation ?

H – Questions liées à une future publication

– Dans quels genres et sous-genres pensez-vous que l'on puisse classer ce roman ?

– À quels autres romans, jeux, films ou séries TV compareriez-vous ce roman ?

– À quel public/tranche d'âge pensez-vous que ce roman s'adresse ?

– Il s'agit d'un roman jeunesse, mais pensez-vous qu'il est intéressant pour un adulte ? Avez-vous trouvé des éléments de double lecture ?

– Conseilleriez-vous ce livre à un ami ? Si oui, quel type de lecteur est-il ?

– Est-ce un livre que vous aimeriez avoir dans votre

bibliothèque ?

– Est-ce un livre que vous conserveriez dans votre liseuse ?

– Le liriez-vous une seconde fois ?

– L'avez-vous lu jusqu'au bout ?

ANNEXE 3 – OUTILS PRATIQUES

Voici une liste de logiciels ou de sites dont j'aime parfois me servir pour mon travail de relecture, quand mes carnets ou dictionnaires ne me suffisent plus.

Prise de notes : toutes les applications de base sont utiles, mais celles proposant un enregistrement en ligne sont à privilégier pour sécuriser vos données.

– *Trello*

– *Evernote*

– *Notion*

Prise de notes vocales :

– *Voice Notebook*

– *List Note*

– *BlocNote Vocal*

Dictionnaires en ligne :

– Le site de l'Académie française :

https://www.academie-francaise.fr/

– Le site de Larousse :

https://www.larousse.fr/

– Celui du Robert :

https://dictionnaire.lerobert.com/

– Le site de la langue française, notamment pour son dictionnaire argotique :

https://www.languefrancaise.net/

– Le site linguistique du gouvernement du Canada, notamment pour son dictionnaire des cooccurrences :

https://www.noslangues-ourlanguages.gc.ca/fr/navigateur-navigator

Dictionnaires de synonymes en ligne :

– Le site du Centre de recherches interlangues sur la signification en contexte, par l'Université de Caen Normandie :

https://crisco2.unicaen.fr/des/

– Le site du Centre national de ressources textuelles et lexicales (aussi un dictionnaire) :

https://www.cnrtl.fr/synonymie/

Tableau de conjugaison en ligne :

– Le site du Larousse pour son conjugueur :

https://www.larousse.fr/conjugaison

– Le site du Figaro Conjugaison :

https://leconjugueur.lefigaro.fr/

Détecteur de répétition :

– Le site « Repetition Detector », aussi disponible sous forme de logiciel :

http://www.repetition-detector.com/?l=fr&p=online

www.ingramcontent.com/pod-product-compliance
Ingram Content Group UK Ltd.
Pitfield, Milton Keynes, MK11 3LW, UK
UKHW021127260726
13994UKWH00001B/11